Inneres des Herren-Refektoriums.

Maulbronn.

Die Cisterzienser-Abtei

MAULBRONN

Bearbeitet von

Professor Dr. Eduard Paulus.

Mit 6 Tafeln in Steindruck nach Aufnahmen und Zeichnungen der Baumeister Dank
und Schneider und 235 Holzschnitten von A. Cloß, nach Aufnahmen und Zeichnungen von Carl Rieß,
Adolf Gnauth und J. Cades.

Herausgegeben vom

Württembergischen Alterthums-Verein.

Dritte vermehrte Auflage.

Stuttgart.
Verlag von Paul Neff.
1889.

VERLAG AM KLOSTERTOR MAULBRONN
KLAUS KRÜGER · 75433 MAULBRONN
FAKSIMILE 1996
ISBN 3-926414-02-2
KARL ELSER DRUCK GMBH · 75417 MÜHLACKER

Schon ist es Herbst, die bunten Blätter fallen
An Busch und Baum, gelöst vom Sonnenschein,
Der fließt mit holdgedämpfter Glut herein
In diese gothisch kühn gewölbten Hallen.

Feinausgeführter Zierat sproßt an allen
Den Säulenknäufen, die aus dunklem Stein,
Da schlingt sich Eichenlaub und wilder Wein,
Da sitzen Adler mit gekrümmten Krallen.

O süßes Schweigen, — um die Klostermauer
Weht leise nur der Abendwinde Schauer,
Im Garten noch die letzte Rose blüht,

Und hier der große Brunnen Perlen sprüht,
In dessen weiten, schöngeschaffnen Schalen
Sich Wolkenzug und Himmelsbläue malen.

Ansicht des Klosters von der Ostseite.

Einleitung.

An der südwestlichen Seite des Stromberges, dieses in der Lücke zwischen Schwarzwald und Odenwald sich bis zu tausend Fuß über der Umgegend erhebenden Höhenzuges, mit seinen vielen reich bewaldeten Kuppen und schmalen, von der Welt abgeschiedenen, aber sommerlich warmen Thälern — liegt in dem gegen Abend, d. h. gegen die Rheinebene sich öffnenden Salzachthale, ganz hineingezwängt in das enge Wein- und Waldthal, das Kloster Maulbronn, dessen ernste Steinbauten noch von tiefem Graben und hoher mit Thürmen besetzter Mauer umschlossen werden. Vor den Thoren hat sich, namentlich gegen Osten, meist im Laufe dieses Jahrhunderts die jetzige Stadt Maulbronn angesiedelt.

Selten ist eine mittelalterliche Klosteranlage so vollständig und so gut erhalten; man vermag sich noch in das klösterliche Leben mit Allem, was dazu gehörte, hinein zu versetzen, denn nicht blos die Kirche und die eigentlichen Klosterräume, auch alle die stattlichen und dauerhaften Nebengebäude, die einst den reichen Klosterhaushalt vermittelten, stehen noch aufrecht und geben uns, wie kaum ein anderes Cisterzienserkloster in Deutschland, einen Begriff von der großartigen wie heilsamen Thätigkeit dieses um die Kultur des Mittelalters hochverdienten Mönchordens.

Die Stelle zur Ansiedlung war gut gewählt; das Thal hatte Reichthum an Wasser, dem die Cisterzienser so sehr nachgiengen, an Bausteinen, Holz, und vielleicht auch schon an Wein. — Mitten im Kloster springt noch jetzt aus starken Röhrenbrunnen das beste Quellwasser, sich sammelnd in den herrlichen Laubwäldern rings umher und hindurchsickernd durch den feinkörnigen Keuperwerkstein, aus dem sämmtliche Klosterbauten errichtet wurden, und in dem noch jetzt die ergiebigsten Steinbrüche angelegt sind; und eine starke halbe Stunde weiter unten im Thal erhebt sich gegen Süden geneigt der Elfinger Berg, an dem einer der edelsten Weine gedeiht. Schon zur Zeit Kaiser Karls des Großen bestand am Fuß dieses Berges eine Ansiedlung (seit 789 in Schenkungsurkunden des Klosters Lorsch genannt) Alaolfesheim, jetzt Elfinger Hof, und es ist möglich, daß schon vor Gründung des Klosters hier Wein gebaut wurde; jedenfalls aber weiß man, daß schon einer der Gründer des Klosters, Bischof Günther von Speier, durch seine Mönche, denen der Genuß des Weines nicht ganz versagt war, den Elfinger Berg des Weinbaues halber terrassenförmig anlegen ließ. Auch in andern dem Kloster geschenkten benachbarten Orten geschah damals ein Gleiches.

Das Klima des Thales ist sehr mild, doch ist die Luft etwas feucht, weil das enge Thal von großen Waldungen umgeben wird und gerade gegen Westen, also gegen den Regenwind, offen liegt, und weil ferner die Mönche rings um das Kloster Weiher anlegten, theils der Fischzucht halber, weil ihnen das Fleisch vierfüßiger Thiere verboten war, besonders aber aus landwirthschaftlichen Gründen, um ihr weit verzweigtes, zum Theil noch erkennbares Bewässerungsnetz damit speisen zu können. Von den zahlreichen meist sehr ausgedehnten Weihern, die stufenweise übereinander lagen, bestehen noch vier; einer unterhalb des Elfinger Hofes, der große Aalkistensee, und drei oberhalb des Klosters, einsam im Wald oder an Ackerfeldern liegend. Der nächste am Kloster breitet sich gerade oberhalb desselben aus, wo ein mächtiger Damm das Thal quer durchsetzt. Es ist „der tiefe See", vielleicht zum Theil aus einem von den Mönchen ausgebeuteten Steinbruch entstanden; sein Wasserspiegel liegt um ein Gutes höher als der Boden, worauf die Klostergebäude stehen, und es macht einen seltsamen Eindruck auf den Wanderer, der von Osten her aus den schattigen Waldungen heraustrat, wenn er hinter dem Spiegel des stillen, schönumbuschten Weihers die Giebel des Klosters und den nadelschlanken Dachreiter, wie aus tiefversunkenem Grund, emportauchen sieht. Gewöhnlich aber nähert man sich dem Kloster von der entgegengesetzten Seite, von dem drei Viertelstunden entfernten Bahnhofe Maulbronn aus, und trifft, das friedliche Thal heraufpilgernd, zuerst einige neuere Wohnhäuser, darunter das gemüthliche Gasthaus zum Kloster, und dann sofort das malerische Klosterthor, das bei der Südwestecke der Umfassungsmauer sich erhebt, und links hin geht nun hinter breitem, wildverwachsenem, mit Epheu beranktem Graben die hohe Klostermauer, mit ihren trotzigen Buckelsteinen eine Reihe alter

Gebäude tragend, an ihrer Nordwestecke vom hohen Hexenthurm, an der Südostecke vom Faustthurm flankirt.

Innerhalb des Thores empfängt uns der weite Vorhof des Klosters, um den
die steinernen Nebenbauten, das Frühmeßerhaus, die Wagnerei, die Schmiede,
die Mühle, der Speicher, die Küfermeisterei u. s. w. mit ihren steilen, oft von
Kreuzblumen oder Knöpfen bekrönten Giebeln stehen, und im Grunde des Hofes
erscheint hinter prächtigen Lindenbäumen die Schauseite der Kirche mit ihrer edel-
schlanken Vorhalle und dem links (nördlich) daran stoßenden, jetzt vielfach verbauten Kloster.

Ehe wir aber die Gebäulichkeiten betrachten, sei hier eine kurze Geschichte
des Klosters eingeschaltet; wir folgen dabei im Wesentlichen der trefflichen und
gedrängten Darstellung, die Pfarrer Paul Hartmann in der amtlichen, 1870
erschienenen Beschreibung des Oberamts Maulbronn gibt.

Die Geschichte des Klosters.

Walther von Lomersheim, ein tapferer Kriegsmann aus altem freiem Geschlecht, wurde der Gründer des ersten Cisterzienserklosters im jetzigen Württemberg. Angeregt ohne Zweifel durch die Predigt des h. Bernhard, beschloß er,
Gott zu dienen, bat den Abt Ulrich zu Neuburg bei Hagenau, einer Stiftung
von Barbarossas Vater, Friedrich dem Einäugigen, angelegentlich um Ueberlassung
von Mönchen und erhielt mit Mühe deren zwölf und einige Laienbrüder unter
Führung des Abtes Diether, die er auf seinem Gut Eckenweiler bei Mühlacker
unterbrachte. Wann dies geschah, ist nicht genau bekannt, jedenfalls bis 1143, da
der in diesem Jahr verstorbene Papst Innorenz II. den Mönchen Zehntfreiheit
gab. Die späteren Cisterzienser nahmen den 24. März 1138 als den Tag des
Einzugs an. Der Ort sagte ihnen aber nicht zu, er erschien wohl zu offen, auch
fehlte es an Wasser, daher Walther sich an den neugewählten Bischof Günther
von Speier, einen Grafen von Henneberg, wandte, selbst einen Augenschein zu
nehmen. Dieser überzeugte sich vom Grunde der Klagen und verlegte daher die
Ansiedlung an den Ort im Salzachthal, der nun den Namen Mulenbrunnen erhielt, zwischen 23. August 1146 (Todestag seines Vorgängers Siegfried) und Frühjahr 1147, wo zum erstenmal eine Stiftung, die des Kirchensatzes zu Löchgau, für
die Kirche zu Maulbronn vorkommt (vorausgesetzt, daß der Stifter, Beringer
von Löchgau, der sich eben zu dem Kreuzzug dieses Jahres rüstete, demselben sich
gleich bei seinem Beginne anschloß). Dieser Ort lag im Pfarrsprengel von Knittlingen und war damals, wohl in Folge kriegerischer Verwüstung, mit dichtem
Wald bedeckt, welcher Straßenräubern — die alte Römer-, dann Kaiserstraße
von Cannstatt nach Bruchsal führte nahe vorüber — zum Schlupfwinkel diente.
Die Speirer Kirche besaß dort 7 Huben, welche Günther von Wernhard von Thane

und einigen andern Lehensleuten zurücklöste. Walthers Schwester Ida schenkte ebendort 3½, Bertha von Grüningen mit ihren Söhnen Walther, Conrad und Ruger 2, Wernher von Roßwag, ein treuer Helfer mit Rath und That, eine Hube. Dazu erwarb Günther durch Tausch vom Kloster Hirsau noch eine Hube und später (1157) sein ganzes Besitzrecht (2½ Huben hatte dieses um 1100 von Walther von Horrheim geschenkt erhalten. Cod. Hirsaug. 32 a.). Von diesen Ländereien war ein Drittel der Pfarrei Knittlingen zehntpflichtig, ein anderes dem Wernher von Roßwag, eines zur Hälfte dem Conrad von Lomersheim, zur Hälfte der Bertha von Grüningen und ihren Söhnen. Zwei Drittel trug Berchtold von Bretten, der Bruder Altmanns, Pfarrers in Knittlingen, zu Lehen. Günther brachte es dahin, daß der ganze Zehnte gegen eine jährliche Abgabe von 10 Schillingen dem Kloster überlassen wurde. Nun wurde auch sogleich der Bau des Klosters auf dem früher Hirsau'schen Platze begonnen, dessen Vollendung aber Günther († 16. August 1161) nicht mehr erlebte; denn erst 14. Mai 1178 weihte Erzbischof Arnold von Trier die Kirche ein. Daß jedoch das Kloster 1157 schon bewohnbar war, erhellt aus der in diesem Jahr vom Pfalzgrafen Conrad dort ausgestellten Urkunde wegen Elfingens. So lange aber der Bischof lebte, widmete er dem Kloster die eifrigste Fürsorge. Er erwarb ihm den Besitz von Elfingen, gestattete allen Geistlichen und Laien seines Sprengels darein zu treten und es zu beschenken, und verlieh ihm Zehntfreiheit, was Papst Eugen III. in seiner Schutzbulle für das Kloster 29. März 1148 bestätigte. Beim Kaiser Friedrich I., dem Sohne des Gründers von Neuburg, dem Neffen Otto's von Freising, der selber Abt im Cisterzienserkloster Morimund gewesen war, wirkte er ihm den Reichsschutz, Bestätigung seiner Zehntfreiheit und seines schon beträchtlichen Güterbesitzes aus, 8. Januar 1156, Speier. Auch beschenkte er es reichlich (26. August 1152 gab er ihm einen Hof in Diefenbach, vor 8. Januar 1156 Weinberge zu Hagenbach in der Pfalz, 1158 eine Hube zu Honscheit im Bisthum Straßburg, 1. Januar 1159 sechs Bauhöfe bei St. Leon, Lußheim, Ketsch, Otterstadt, Marrenheim und Dudenhofen nebst 1200 Schafen, 1159 eine Hofstatt in Speier, um dieselbe Zeit ein Gut zu Frechstadt und eins zu Schröckh, auch in nicht bekanntem Jahr ein solches zu Germersheim) und sorgte durch kluge Verordnungen und Einrichtungen für einen sicheren Ertrag der Güter, indem er namentlich Schafzucht und eisenbeschlagene Pflüge, sowie Weinbau, z. B. auf dem schon 1152 dem Kloster gehörigen Hof Füllmenbach, einführte.

Darum wurde Günther auch als der Hauptstifter des Klosters geehrt und gleich Walther von Lomersheim in der Kirche begraben. Sein Beispiel munterte auch andere, so den oben genannten Beringer von Löchgau, den Grafen Ludwig von Wirtemberg, zur Freigebigkeit gegen das Kloster auf, welches dadurch bald zu bedeutendem Wohlstand kam.

Zeugnis von seinem Gedeihen gibt neben dem großartigen Kirchenbau auch der Umstand, daß schon 1151 und wieder 1157 das Kloster Bronnbach und im letzteren Jahr das Kloster Schönthal von Maulbronn aus bepflanzt werden konnte.

Bronnbach blieb unter Maulbronn bis 1537, wo es dem Kloster Ebrach provi-
sorisch zugetheilt wurde (definitiv erst 1573). Schönthal kam schon 1282 unter
Kaisersheim. Durch Adoption erhielt Maulbronn 1452 das nun in ein Priorat
verwandelte Kloster Päris und behielt es bis 1588. Ferner hatte es unter sich
Frauenzimmern 1246—1418, wo es an Bebenhausen kam, und später wieder zeitweise, ebenso theils zeitweise, theils mit andern Klöstern gemeinschaftlich Heils-

Günthers Grabstein.

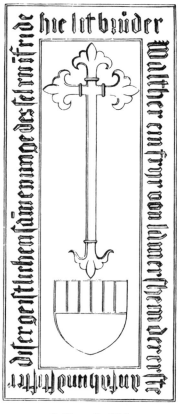

Walthers Grabstein.

bruck, Königsbruck, Lichtenstern, Lichtenthal und Rechenshofen. Dagegen stand
Maulbronn in Abhängigkeit besonders vom Mutterkloster Neuburg, ferner von
Lützel, Clairvaux, Cisterz und im 15. Jahrhundert von Altenberg.

Das Kloster vermehrte und sicherte seinen Besitz, indem es auf seinen Gütern
Kolonien aus Laienbrüdern unter der Aufsicht von Mönchen anlegte und stets
eifrig bemüht war, Orte, in denen es einmal einiges Besitzthum erlangt hatte, zu
seinem gänzlichen Eigenthum, auch mit dem Patronatsrecht und der Vogtei sammt
ihren Rechten zu machen, wodurch viele Streitigkeiten mit Laien abgeschnitten wurden.

Auch die Nachfolger Günthers auf dem Bischofsstuhl zu Speier bewiesen
sich dem Kloster fast ohne Ausnahme freundlich; und auch an päpstlichen, kaiserlichen und königlichen Gnadenbriefen fehlte es Maulbronn nie.

Die meisten der Briefe enthalten die Zusicherung der Schirmvogtei des Reichs, die K. Friedrich I. übernommen hatte. Das hinderte aber nicht, daß das Schirmrecht auch von andern, dem Klostern näher liegenden Gewalten beansprucht und theils mit, theils gegen den Willen desselben geübt wurde; ja, es knüpft sich an seine Handhabung und die Streitigkeiten darüber fast die ganze äußere Geschichte des Klosters bis zum Untergang seiner Selbständigkeit.

Dem Ursprung des Klosters, wie den Statuten seines Ordens, entsprach es, daß die Bischöfe von Speier ein Vogtrecht übten (obwohl Juli 1231 Bischof Beringer bekannte, quod monasterium Mulbronn nullum alium advocatum in bonis suis habere debeat praeter regem Romanorum, St. Arch.), wie denn K. Wilhelm, nachdem er am 2. Februar 1255 dem Kloster versprochen, den Schirm nicht ohne sein Begehren zu veräußern, schon am 23. März dieses Versprechen auf die Beschwerde des Bischofs zurücknahm und dem Bisthum das Recht bestätigte, jenem einen Vogt zu setzen. Auch Kaiser Rudolph befahl 1280 dem Bischof den Schutz des Klosters, und noch Kaiser Karl IV. bestätigte dem Bisthum seine Rechte über dasselbe 8. September 1366. Der Bischof übertrug vor 1236 die Unterschirmvogtei an Heinrich von Enzberg, woraus ein langer Streit des Klosters mit dieser Familie entstand.

Zwar der Genannte war ihm wohlgesinnt, aber bereits sein Sohn Heinrich bedrängte es, und noch mehr dessen Söhne Heinrich, Conrad, Gerhard und Albrecht. Sie tödteten einen Laienbruder, verwundeten Mönche und andere Laienbrüder tödlich, sengten und raubten, weßwegen Bischof Heinrich II. sie befehdete und zum Verzicht auf das Vogtrecht zwang (vor 1270). Doch wurden die Enzberger noch 2. Juli 1325 zum Schutz des Klosters verpflichtet.

Kaiser Karl IV. übertrug die Vogtei, welche er vor 31. Mai 1361 von den Grafen von Wirtemberg, denen sie verpfändet war, einlöste, an Kurpfalz, wodurch das Kloster später zum Zankapfel zwischen dieser Macht und Wirtemberg wurde, welches in den Klosterorten, die auf seinem Gebiet lagen (besonders von dem Anfall der Grafschaft Vaihingen herrührend), das Schirmrecht übte, wie nicht minder die Markgrafschaft Baden innerhalb ihres Gebiets. — In den Kriegen des 14. Jahrhunderts litt das Klostergebiet Schaden von Seiten der Städte, weßwegen 6. März 1393 die Stadt Weil Abbitte leisten mußte, sodann durch die Schlegler, obenan die Schlegelkönige Friedrich und Reinhard von Enzberg, denn dieses Verhalten, sowie das Streben gegen Landfrieden und Fürstenmacht überhaupt, ihre Burg Enzberg kostete, welche Pfalzgraf Ruprecht II. vor 14. September 1384 brach. — Mit Berufung auf die Landesunsicherheit befestigte das Kloster seit 1373 die Kirchhöfe in mehreren seiner Orte und verstärkte seine eigenen, um 1360 erbauten Mauern, was die Pfalzgrafen, denen es als ein Bollwerk gegen Wirtemberg erschien, begünstigten (vgl. die Urk. K. Ruprechts 14. April 1407). Seit 1457 wurde denn auch Maulbronn in den Kampf der beiden Mächte verflochten. Im August dieses Jahres lagen Pfalzgraf Friedrich der Siegreiche (der böse Pfälzer Fritz) und Graf Ulrich der Vielgeliebte, jener in Bretten, dieser in Vaihingen, mit Heeresmacht einander gegenüber, als der berühmte Markgraf Albrecht von Brandenburg, Schwager des mit Friedrich verbundenen Markgrafen Karl von Baden, im Kloster, wo er sich mit wohl 200 Pferden eingelagert hatte, am 25. des Monats für jetzt den Streit vermittelte. Nachdem aber der Reichskrieg gegen die Pfalz wirklich entbrannt war, überfiel Graf Ulrich in den ersten Märztagen 1460 mit 2—3000 Mann Maulbronn, brandschatzte es um 7000 fl., worauf er demselben unter dem 6. März von Lienzingen aus einen Schirmbrief ausstellte. Neuen Schaden erlitt es von den Wirtembergern im Dezember 1461, trotz der beweglichen Vorstellung, daß ja der Graf als kaiserlicher Hauptmann und ihr Schirmherr vielmehr zu ihrer Hilfe verpflichtet wäre. 26. April 1462 ergieng von Kaiser Friedrich ein Mandat an seine Hauptleute, das Kloster, von dem aus der Pfalzgraf vielfachen Schaden anstifte, zu des Reiches Handen zu nehmen. Geschehen ist das schwerlich, auch nur für kurze Zeit; denn jene zogen (im Juni) von Pforzheim aus über Heidelsheim nach der Pfalz, um bei Seckenheim Niederlage und Gefangenschaft zu finden. So blieb die Schirmvogtei des Klosters, das nun gerade den Höhepunkt seiner äußeren Blüte erreichte, der Pfalz, um so mehr, als der jugendliche Regent des andern wirtembergischen Landestheils, Eberhard im Bart, mit seinem Oheim, dem Pfalzgrafen Friedrich, sich gut zu stellen mußte, wie er denn mit demselben 14. November 1467 zu Maulbronn ein Bündnis auf fünf Jahre schloß. Auch mit dem Kloster pflegte er freundschaftliche Verbindung. Friedrichs Nachfolger aber, Pfalzgraf Philipp, verwandelte das Kloster durch Basteien und Bollwerke in eine förmliche Festung (bis zum Jahr 1761 stand nach einer damals aufgenommenen Karte auf der Ostseite des Klosters, jenseits des Schafhofs, ein Stück Mauer mit dem „Eselsthor" und dem „Judenthurm", woraus zu entnehmen, daß die Befestigung sehr umfassend war), und ließ sich darin durch wiederholte Abmahnungen des Kaisers, der ihm das Schirmrecht kündete und 8. Juni 1489 den Hauptleuten des schwäbischen Bundes befahl, das Kloster zu des Reiches Handen zu nehmen, auch 20. Oktober 1492 den Abt anwies, ihm keinen Gehorsam zu leisten und seine Basteien abzubrechen, nicht irre machen; er antwortete vielmehr mit der Errichtung eines hölzernen Bollwerks auf der den Zugang zum Kloster beherrschenden Höhe beim Steinbruch, welches den Namen Trutzbund erhielt, und versah den Platz mit Besatzung und Lebensmitteln.

So wurde Maulbronn ein Opfer, und zwar das erste, des neuen Reichskriegs, der sich 1504 gegen die Pfalz — um das bairische Erbe — entspann, und den der jugendliche Herzog Ulrich von Wirtemberg mit großer Macht im Frühjahr dieses Jahrs eröffnete. Bei seinem Anrücken entfloh der Abt mit den meisten Brüdern nach Speier. Der Herzog aber eroberte nach lebhaftem Widerstand am zweiten Tag den Trutzbund, wandte seine Geschütze gegen das Kloster, dessen Mauern und Thürme stark beschädigt wurden (auch die Kirche zeigt auf der Ost- und Südseite heute noch mehrfache Kugelspuren), bis die Besatzung am siebenten Tage (4. Juni) den Platz gegen freien Abzug übergab. (Ausführlich bei Heyd,

Herz. Ulr. 1, 103 ff., zumeist nach dem Briefe eines Priors von Päris vom 21. Juni.) Die zurückgebliebenen Mönche und Laienbrüder wurden bis zum Ende des Kriegs in's Augustinerkloster nach Tübingen verwiesen und am 2. Juli zu Kniftlingen dem Herzog das Kloster sammt dem eroberten Gebiet vertragsmäßig abgetreten, worauf am 1. August K. Maximilian ihm Schirmrecht und weltliche Obrigkeit darüber zuwies.

Nachdem aber 1519 Herzog Ulrich vertrieben worden, wollte 18. April Pfalzgraf Wilhelm dasselbe, das sich ihm gutwillig ergeben und für 8000 fl. verbürgt hatte, wieder in seinen Schirm nehmen, der schwäbische Bund litt jedoch nicht, daß dieses edle Kleinod dem Fürstenthum Wirtemberg entzogen werde. Dagegen stellte K. Karl V. 2. Februar 1521 dem Abte die Vogteigerechtigkeit frei zu. Franz von Sickingen, der für seine Vermittlung mit dem Pfalzgrafen vom Kloster eine namhafte Summe erhalten, ließ es am 10. Mai 1519 wieder genießen, daß seine Vorältern darin begraben lagen, brandschatzte seinen Hof zu Heilbronn, doch nicht höher als um 1200 fl. für sich und 100 fl. für seinen Schreiber, „der etwan — zuweilen — sein Schererknecht was" (Stumphart, f. Sattl. Herz. 2, Beil. 21). Bei dem vergeblichen Einfall, den Herzog Ulrich noch im gleichen Jahr in sein Land machte, huldigte ihm Maulbronn vorübergehend wieder 9. August.

Auch im Bauernkrieg kam das Kloster verhältnismäßig glimpflich weg. Statthalter und Regent hatten trotz ergangener Bitte versäumt, dasselbe mit gehöriger Besatzung zu schützen, und so fiel denn um den 18.—21. April 1525 ein Theil des Stocksberger Haufens darin ein und ließ es sich mehrere Tage wohl sein, doch ohne die Gebäude wesentlich zu beschädigen. Am 29. April hatte Jäcklein Rohrbach sein Lager daselbst. Ein dritter Schwarm kam um dieselbe Zeit von Gundelsheim her. Die Folge von Allem war, daß die Abtei sich eines Theils ihrer Güter — wohl bis zum Werth von 30,000 fl. — entäußern mußte.

Nach Herzog Ulrichs Rückkehr im Jahr 1534 gieng sein ganzes Bestreben darauf, Maulbronn völlig an sich zu bringen und die Reformation in demselben, sowie in den Amtsorten einzuführen. In den letzteren gelang dies unschwer, so daß 1547 aus dem Bezirk von Maulbronn und Derdingen ein evangelisches Dekanat gemacht werden konnte. Doch wurden erst 1551 die letzten Pfarreien Zaisersweiher und Lienzingen, deren Patronat Stift Sinsheim hatte, mit evangelischen Pfarrern besetzt. Dagegen wehrte sich das Kloster selbst verzweifelt gegen jene Versuche und wurde darin vom Reichskammergericht, sowie von Erzherzog Ferdinand trotz eines ihm von Herzog Ulrich übersendeten Wagens mit Elfinger Wein unterstützt, doch ohne von jenem die Anerkennung der Reichsunmittelbarkeit erlangen zu können. Der Abt, dem Ulrich die Hälfte seines Einkommens abverlangte, floh mit den Kostbarkeiten nach Speier. Der Herzog besetzte das Kloster und ließ inventiren. Eine kleine Partei der Mönche war für ihn. Einige traten aus und wurden mit Leibgedingen abgefertigt. 1535 befahl er den der Reformation abholden Mönchen seines Landes, sich in Maulbronn zu sammeln und setzte ihnen in dem Conventualen Conrad Weis einen Lesemeister der heiligen Schrift. 1537

Ansicht der Vorhalle der Kloßerkirche zu Maulbronn.

1/100 nat. Größe.

(Urk. vom 28. Sept. d. J.) verlegte der Abt das Kloster nach Päris. Aber nach dem schmalkaldischen Krieg, 6. August 1548, befahl K. Karl V. dem Herzog, die alte Ordnung wieder herstellen zu lassen, der Abt kehrte zurück, und der in diesem Jahr eingetretene Conventuale Jakob Schropp von Vaihingen mußte das Kloster räumen, weil er bei Mondschein in der deutschen Bibel gelesen hatte. Neue Verhandlungen führten zu keinem Ziel, und erst unter H. Christof wurde 22. Januar 1551 der Abt durch den Kaiser mit jenem verglichen. H. Christof verfuhr schonend, bis ihm der Augsburger Religionsfriede das Recht zur Reformation gab. 29. Juli 1557 wurde ein derselben geneigter Abt gewählt, und am 19. Januar 1558 machte er den Valentin Vannius von Beilstein, der schon bald nach dem Bauernkrieg als Mönch in Maulbronn zur lutherischen Lehre übergetreten war, zum ersten evangelischen Abt und Generalsuperintendenten daselbst und verwandelte um diese Zeit das Kloster in eine evangelische Klosterschule.

In den Schülerverzeichnissen glänzt ein Stern erster Größe, Johannes Kepler, der zwischen 1586 und 1589 drei Jahre hier zubrachte und nach einer seiner Schriften 1588 daselbst eine Mondsfinsternis beobachtete. Von namhaften Theologen, welche Schüler in Maulbronn waren, sind anzuführen: Ge. Conr. Rieger, Friedr. Gottlob Süskind, Christian Friedr. Schnurrer, Eberh. Gottlob Paulus, Christian Friedr. Klaiber, Christian Friedr. Schmid, Ferd. Christian Baur, von sonst hervorragenden Männern: Graf Reinhard, französischer Pair, Schelling, Pfister, Pauly, Friedr. Römer, Mebold, Eduard Zeller, Herm. Kurz, Ge. Herwegh, Ferd. Hochstetter.

Werfen wir nun, nachdem das eigentliche Klosterleben zu Maulbronn sein Ende erreicht, einen Blick auf den inneren Gang desselben, so bietet sich uns ein im ganzen erfreuliches Bild. Religiosität, Zucht und Sitte wird zu den verschiedensten Zeiten vom Kloster gerühmt und daß sie auch noch im 15. Jahrhundert nicht geschwunden war, beweist neben ausdrücklichen Zeugnissen sowohl der Umstand, daß der Höhepunkt des Reichthums und der Frequenz erst in diese Zeit fällt, als die Thatsache, daß Maulbronn nie einer Reformation bedurfte, vielmehr seine Aebte mehrfach in andern Klöstern zu reformiren hatten. Auch das freundliche Verhältnis, worin Eberhard im Bart zu ihm stand, spricht dafür. Erst am Anfang des 16. Jahrhunderts lehnten sich die Mönche gegen die alte strenge Klosterzucht auf und zwangen deßhalb 1503 den Abt Johann VI. zur Abdankung, aber nur um ihn 15 Jahre später, nach der üppigen Verwaltung des Abts Johann VIII., nochmals zu wählen. — Der Schwerpunkt der Cisterziensischen Thätigkeit lag in der Landwirthschaft, und so erwarb sich denn auch unser Kloster um den Anbau der ihm zugehörigen Ländereien von Anfang große Verdienste (z. B. Bischof Günther, um die Orte Wurmberg, Füllmenbach, Diesenbach, Elfingen), welche heute noch in dem Zustand der Waldungen um Maulbronn, in den Weinen von Elfingen, Roßwag, Hohenhaslach u. a., die sie zuerst gepflanzt, hervortreten. Besondere Kunst verwandten sie auf die Anlage von Fischseen, die zugleich der Bewässerung und Entwässerung der Gegend dienten. Das Lagerbuch des Klosters von 1572 führt ihrer auf Maulbronner Markung 137 Morgen, dazu noch in der Nähe weitere 27 an. Gärten enthielt die Markung 83 Morgen außer dem Zwinger, darunter besonders Nußgärten und im Schatten der Abtei 3 kleine Gärtlein zu Arzneikräutern. Für den Absatz ihrer Produkte waren den Mönchen ihre Höfe in Heilbronn, Stuttgart und Speier sehr förderlich; auf dem Rhein durften sie seit 1299 jährlich ein Schiff, mit Wein, Weizen und Anderem beladen, zollfrei zu Thal und Berg führen. Auch das Gewerbe muß im 15. Jahrhundert in Maulbronn geblüht haben, wenn gleich die Beschreibung davon, die Felix Hämmerlin

Ansicht der Kirche von der Westseite.

dem Abt Berthold III. in den Mund legt, und die eine Menge nöthiger und unnöthiger Beschäftigungen aufführt, sehr übertrieben scheint. — Am glänzendsten aber stehen heute noch die durch ein günstiges Geschick fast völlig erhaltenen Denkmäler der Baukunst in Maulbronn da, und es können sich an Bedeutung derselben wenige Klöster diesseits der Alpen mit dem unsrigen messen. Dagegen tritt die Wissenschaft sehr zurück. Wohl hatte schon Bischof Günther der Abtei die nöthigsten Bücher geschenkt, aber erst an der Grenze des 15. und 16. Jahrhunderts wird die Errichtung einer förmlichen Bibliothek erwähnt. Im 15. Jahrhundert zuerst werden Aebte von gelehrter Bildung angeführt, und nur ein einziger gelehrter Mönch kommt vor, Leonforius, geb. zu Leonberg 1460, ein Schüler und Freund Reuchlins, Herausgeber des Bibelwerks von Nikolaus a Lyra. — Im übrigen beweist die

Fertigkeit in leoninischen Versen, die sich vom 14. Jahrhundert an reichlich im Kloster finden, doch eine gewisse literarische Betriebsamkeit der Mönche. — Doch einen berühmten gelehrten Namen, welcher freilich fast nur eben ein Name ist, verknüpft die Sage mit Maulbronn, den des Schwarzkünstlers Johannes Faust, der, unzweifelhaft in Knittlingen geboren, um 1516 bei Abt Entenfuß hier gewesen sein soll, vermuthlich um ihm Gold zu machen. Die Sage, welche Sattler Topogr. 549 auf „gute Nachrichten" zurückführt, und die sich in einem Aebteverzeichnisse auf dem Archiv zu Stuttgart aus der ersten Hälfte des vorigen Jahrhunderts findet, hat nichts unwahrscheinliches, während die Lokalitäten in Maulbronn, die Fausts Namen tragen, der Faustthurm, die Faustküche und das Faustloch, wohl erst später auf ihn bezogen worden sind.

Von Rechtsalterthümern des Klosters ist folgendes bekannt. Es war nach der Urkunde K. Karls IV. vom 25. Oktober 1376 von jeder weltlichen Gerichtsbarkeit, als der des Kaisers und Königs gefreit. Der Abt war Gerichtsherr in Illingen, Lienzingen, Oetisheim und Mühlhausen und bildete die zweite Instanz. In Weißach hatte er das Wildfangsrecht, hier und in Oelbronn wurde von einer jeden Person, die dem Kloster leibeigen war, der jedesmalige Werth einer Salzscheibe an Geld als Brautlauf und Gürtelgewand eingezogen. Von König Heinrich VII. hatte das Kloster 29. Juni 1231 das Recht erhalten, diejenigen von seinen Leibeigenen zu beerben, welche sich in einer Stadt ansiedelten und keine mit einer Stadtbürgerin erzeugten Kinder hinterließen. Mit Graf Eberhard im Bart machte es 14. November 1485 einen Vertrag, daß die beiderseitigen Leibeigenen unter einander heirathen dürfen (die Ungenossenschaft aufgehoben sein solle). Nach dem Lagerbuch von 1572 geben des Klosters leibeigene Mannspersonen in den Amtsflecken von Altersher keine Leibsteuer, dagegen die außerhalb derselben und die in den theilbaren Flecken Dürrn, Enzberg und Kieselbronn, hinter andern Vogtsherren gesessen, geben je zwei Schilling, Wirtemberger oder Pfalzgräfer, jedes Ortes Währung. Die leibeigenen Frauen hatten jährlich je eine Leibhenne zu leisten, die der Hühnervogt einzog. Vom verstorbenen Leibeigenen wurde 1572 in den wirtembergischen Vogteien oder andern fremden Herrschaften von 100 Pfund Heller 1 fl. Landeswährung, deßgleichen sein best Oberkleid als Hauptrecht eingezogen, von Frauen nur das Kleid. Die Kleider fielen dem einziehenden Hühnervogt zu. Der Erbschaftsabzug erfolgte nach dem Tübinger Vertrag, die Ausländischen aber, so des Tübinger Vertrags nicht fähig, hatten, wenn sie etwas ererbten, dem Kloster den zehnten Pfennig zu Abzug oder Nachsteuer zu geben. Das Bürgerrecht kostete 2 fl., einen dem Flecken, einen dem Kloster, dasselbe der Abzug in ein anderes Fürstenthum. Die sieben Orte: Freudenstein, Hohenklingen mit Oelbronn, Schmie, Lienzingen, Zaisersweiher, Diefenbach, Schützingen hießen Burschtflecken; sie waren Handfrohnen zur Bebauung der Klostergüter, des Jahrs 8 Tage, schuldig.

Der Besitz unseres Klosters ist merkwürdigerweise bis in's 16. Jahrhundert herein in fast stetiger Zunahme begriffen. Die im 13. Jahrhundert zweimal, 1244 und 1257 berichtete Geldarmut war bald wieder verwunden, da sie hauptsächlich nur eine Folge der Betriebsamkeit im Bauen und Gütererwerben war. Im jetzigen Württemberg sind es etwa 60 Orte, wo das Kloster begütert war, und wovon ihm viele ganz gehörten. — Im jetzigen Baden sind es etliche und vierzig Orte, in Rheinbaiern 17 Ortschaften. In Rheinhessen hatte das Kloster Güter zu Worms 1337, endlich im Elsaß einen Hof zu Colmar.

Die Aebte von Maulbronn bis zur Reformation sind folgende: Diether, um 1138—nach 1168 (ob er noch die Einweihung der Kirche 1178 erlebte, ist zweifelhaft), 1178 B. oder D., 1192 C. oder F., 1196 — um 1216 Conrad I., 1219 M., 1232 Gozwin, 1234—1243 Sigfrid I., 1244—1251 Berthold I. Munt, 1253 H. d. i. wohl Heinrich I., 1254 und 1255 Gottfried, 1257—1268 Egenhard, später Abt von Neuburg, um seiner Rechtschaffenheit willen gerühmt, 1268 Albrecht I., 1276—1277 Hildebrand, 1280 Walther, 1281—1285 Sigfrid II., 1287—1292 Rudolf, 1294—1299 Conrad II., 1302—1305 Reinhard, um 1306 Albrecht II., vor 1313 Wilent, 1313—1325 Heinrich II. von Kalw, 1330—1353 Conrad III. von Thalheim, 1358—1359 Berthold II. Kuring, später Abt in Bronnbach, Ulrich von Ensingen, 1361—1367 Johann I. von Rottweil, er ummauerte das Kloster, wird als treuer Freund desselben gerühmt, 1376—1383 Albrecht III. von Riexingen, 1383 Marquard, 1384—1402 Heinrich III. von Renningen, ein tüchtiger Abt, 1402—1428 Albrecht IV. von Oetisheim, war Magister, führte das Kloster seinem Glanzpunkt entgegen und hatte 1420 die Klöster und Stifter der Rheinpfalz zu reformiren, 1428—1430 Gerung von Wildberg, 1430—1439 Johann II. von Gelnhausen, wegen seiner Beredtsamkeit, Gewandtheit und seines Hochsinns vom Concil zu Basel 1431 zu Verhandlungen mit den Hussiten abgeschickt, 1438 von Papst Eugen IV. durch Ertheilung der bischöflichen Insignien geehrt, 1439—1445 Johann III. von Worms, 1445—1462 Berthold III. von Roßwag, ein eifriger Prediger und Bewahrer der Klosterzucht, hatte hundert Mönche unter sich, 1462 bis 1467 Johann IV. von Wimsheim, Licentiat der Theologie und eifriger Prediger, hatte 1465 Klöster in Heilbronn zu reformiren, unter ihm waren es 135 Mitglieder, 1467—1472 Nikolaus von Bretten, 1472—1475 Albrecht V., 1475 — um 1488 Johann V. Riescher von Laudenburg, wurde 1504 wieder gewählt, aber von H. Ulrich nicht anerkannt, 1488—1491 Stephan Oetinger, 1491—1503 Johann VI. Burrus von Bretten, wurde nach Bruschius wegen seiner Strenge von den Mönchen zur Abdankung genöthigt, hatte etwa 100 Mönche und Laienbrüder unter sich, 1503—1504 Johann VII. Umbstatt, starb zu Speier auf der Flucht, 1504—1512 Michael Scholl von Vaihingen, 1512—1518 Johann VIII. Entenfuß von Unteröwisheim, mußte wegen üblen Hausens abdanken, 1518—1521 Johann VI., zum zweiten Mal Abt, 1521—1547 Johann IX. von Lienzingen, Baccalaureus der Theologie, hielt 25. Mai 1522 zu Stuttgart eine lateinische Rede an Erzherzog Ferdinand, flüchtete 1534 nach Speier und verlegte 1537 die Abtei nach Päris, 1547—1557 Heinrich IV. Reuter von Nördlingen, kam um 1549 nach Maulbronn, 1555 zum Generalvikar seines Ordens in Deutschland ernannt 1557 Johann X. Epplin, genannt Senger, von Waiblingen, zugleich Vorstand von Königsbronn, evangelisch gesinnt. — Dazu kommen noch die katholischen Aebte während des dreißigjährigen Krieges 1630—1632 und 1634—1642 Christof Schaller aus Sennheim im Elsaß, 1642—1648 Bernardin Buchinger aus Kiensheim im Elsaß.

Wir kehren zur Geschichte Maulbronns seit 1558 zurück. Vom 10. bis 17. April 1564 wurde daselbst im Winterspeisesaal ein Colloquium zwischen den lutherischen Theologen Wirtembergs und den calvinistischen der Pfalz über die Differenzpunkte in der Abendmahlslehre gehalten. Herzog Christof und Kurfürst Friedrich III., beide von weltlichen Räthen begleitet, nahmen an den Verhandlungen persönlich Antheil. Das Gespräch blieb resultatlos; beide Theile schrieben sich den Sieg zu. — Dagegen kam 1576 hier durch eine Berathung wirtembergischer, badischer und hennebergischer Theologen die Maulbronner Concordie, eine Vorarbeit der eigentlich so genannten Concordienformel, zu Stande.

Schon 1621 bekam Maulbronn die Schrecken des dreißigjährigen Krieges zu spüren, indem Mannsfelds Scharen im Amte übel hausten. Durch das Restitutionsedikt von 1629 wurde das Kloster der katholischen Kirche wieder zugesprochen; 4. September 1630 besetzten es die kaiserlichen Commissäre mit bewaffneter Macht, und am 14. zog Christof Schaller als Abt mit einigen Mönchen von Lützel ein und befahl sodann den evangelischen Pfarrern des Amts, abzutreten. Die Klosterschule ward nach Urach verlegt. Er wurde zwar 7. Januar 1632 durch die Schweden vertrieben und die Schule wieder einge-

Das Klosterthor.

richtet, aber bereits nach 6. September 1634 konnte er in Folge der Schlacht von Nördlingen zurückkehren. Natürlich gab es viel Streit mit dem württembergischen Vogt, mit den evangelischen Pfarrern, denen ihre Besoldungen vorenthalten, und mit den Amtsorten, die in ihrer Religionsübung gestört, und von denen die Gefälle mit Härte eingetrieben wurden, weßwegen letztere 1640 den Herzog baten, sie doch von der Pfaffen Tyrannei zu befreien. 1636 bewies Besold durch Urkunden die Reichsunmittelbarkeit der Abtei, womit er sich aber wenig Dank von Oesterreich verdiente, das derselben vollends entfremdet wurde, als sie seit 1643 unter dem neuen Abt Bernardin Buchinger, der im Auftrag seines Ordens ungern die Stelle übernommen hatte, sich an Frankreich anschloß. Die Theilnahme Frankreichs bestand hauptsächlich in der fortwährenden Bedrohung und Mißhandlung des Amtes durch die Philippsburger Besatzung, zu deren Unterhalt es beitragen mußte. Eberhard III. beschwerte sich darüber am französischen Hof, sowie bei Kurfürsten

und Ständen, aber ohne Erfolg; auch die Abfindung der Befehlshaber von Philipps-
burg mit monatlich 1200 fl. half nicht auf die Dauer, ja nicht einmal der Friedens-
schluß brachte völlige Ruhe, daher 1648 eine schwedische, 1649 eine württembergische
Besatzung in's Kloster gelegt wurde, die noch einen kleinen Philippsburger Einfall
zurückzuschlagen hatte. Am 14. Oktober 1648 war nach endlosen Verhandlungen
Maulbronn Württemberg zugesprochen worden, weil es schon 12. November 1627
in dessen Besitz gewesen; Abt, Prior und Organist wichen als die letzten, zögernd
und nicht ohne die Gebäude vorher noch zu beschädigen; 29. Januar 1649 erfolgte
die Besitzergreifung und die Huldigung der noch übrigen 373 erwachsenen Amts-
angehörigen unter großer Bewegung. 1656 wurde die Klosterschule wieder hergestellt. Vergleiche auch die am Schluß angehängte Geschichtstafel.

Die Hauptgebäude.

Der Raum, den die zum Theil bis in die Zeit der Gründung zurückreichende
Klostermauer umschließt, ist 1000 Fuß lang, während seine Breite zwischen 400
und 450 Fuß schwankt. Die hohe und starke, noch gut erhaltene, von Thürmen
beschirmte Mauer ist stellenweise noch mit dem bedeckten Umgang versehen und läuft
hinter dem tiefen, ganz ausgemauerten Graben, der von der Salzach unter Wasser
gesetzt werden kann, und dessen Breite von 40 bis 60 Fuß und darüber beträgt.

So ziemlich in der Mitte, über 500 Fuß vom Thor entfernt, erhebt sich
die eigentliche Klosteranlage, im ganzen in einer Breite von 365 und in einer
Länge von 430 Fuß; also in sehr bedeutender Ausdehnung, jetzt mannigfach von
Vor- und Anbauten umstellt, aber in den ursprünglichen Umrissen noch wohl zu
erkennen. Von 1150 bis 1550 wurde daran gebaut und, wenn auch mit mancher
Beeinträchtigung des Alten, daran verschönert; die ganze Entwicklung der deutschen
Baukunst vom strengen Rundbogenstil durch alle die reizenden Uebergänge hindurch
bis zum spätesten, schon wieder mit antiken Formen sich mischenden gothischen Stil
erschließt sich daran, und, was sehr belehrend ist, fast jede Bauzeit hat eine Inschrift an den Gebäuden selbst hinterlassen.

Bei genauer Prüfung aber zeigt sich, daß schon bei der Gründung der ganze
Klosterbau so großartig vorgesehen war. Zu dieser Annahme berechtigen sowohl
die an vielen und ganz verschiedenen Stellen noch sichtbaren uralten Mauern, als
auch die merkwürdige Harmonie der Maße, der Verhältniszahlen, nach denen
die ganze Anlage in klarster Weise sich gliedert, und dies ist wohl auch der Grund,
warum diese Klosterräume mit einer so erhabenen Ruhe unser Gemüth umfangen.

Es ist in der Maulbronner Klosterkirche die lichte Chorbreite gleich der
Mittelschiffbreite und zwar 30 Fuß, die äußere Länge der Kirche 240 Fuß oder
8 mal die Chorbreite, die äußere Breite der Kirche 80 Fuß, oder 2²/₃ mal die
Chorbreite, oder die äußere Breite der Kirche ist ¹/₃ der äußeren Länge der Kirche.

Bis zum Anfang des Querschiffes sind es 180 Fuß oder 6 Chorbreiten, bleiben für den Chor sammt Querschiff noch 60 Fuß oder zwei Breiten. Die Stärke der Pfeiler und Mauern zusammen mißt 15 Fuß (eine halbe Chorbreite), also die lichte Breite der drei Schiffe zusammen 65 Fuß, was wieder mit der inneren Höhe des Mittelschiffes übereinstimmt.

Doch, wie schon gesagt, nicht bloß die Kirche von Maulbronn, die ganze Klosteranlage ist in solche Harmonie hineingezogen. So beträgt die äußere Breite des Laienrefektoriums 45 Fuß (1½ Chorbreiten), seine Länge 135 Fuß oder 3 mal 45 Fuß oder 4½ Chorbreiten, die Länge der westlichen Front des Klosters sammt Kirche 300 Fuß, also 10 Chorbreiten, und folglich verhält sich Frontlänge zu Kirchenlänge wie 5 zu 4. Die Axe des innen 40 Fuß (halbe Kirchenbreite) weiten Herrenrefektoriums trifft die Kirche bei 105 Fuß, ist also 3½ Chorbreiten vom Westeingang, und ebenso viel ist sie von der östlichen Querschiffwand entfernt, während die Axe des Klostereinganges um die Breite der Kirche von dieser abliegt; und endlich mißt die nördliche Seite der Klosteranlage sammt dem Herrenhaus 400 Fuß, verhält sich also zur Westfassade wie 4 zu 3, zur Länge der Kirche wie 5 zu 3, und zwar stammt gerade dieses wieder 105 Fuß (3½ Chorbreiten) lange und halb so breite Herrenhaus noch aus der Zeit des strengen Rundbogenstiles, also aus der Zeit der Gründung und Erbauung der Kirche. Ebenso einfach sind die Höhenverhältnisse, wie wir bei Betrachtung der einzelnen Gebäude finden werden. Die Abweichungen von den mathematisch genauen Zahlen sind gering, und der bei den Maßen zu Grund liegende Fuß ist etwa so groß, als der württembergische (0,286 m) anzunehmen.

Die ebenfalls von den Cisterziensern, nur später, vom Jahre 1190 an, wo die Maulbronner Kirche längst eingeweiht war, erbaute Klosterkirche zu Bebenhausen bei Tübingen weist genau dieselben Verhältniszahlen und zwar bei geringerer wirklicher Größe (bei zweihundert Fuß äußerer Länge) auf; nur ward in Bebenhausen das Querschiff harmonischer ausgebildet und nach der fast allgemeinen Regel nur mit je zwei Kapellen versehen. Dort beträgt wieder die äußere Länge der Kirche 3 äußere Breiten und 8 Chor- oder Mittelschiffweiten. Ferner ist die Länge des Bebenhauser Kreuzganges, dort 2 Kirchenbreiten, so ziemlich eben so groß, als die des Maulbronner. (Vergleiche: Die Cisterzienser-Abtei Bebenhausen von Eduard Paulus. Verlag von Paul Neff. Stuttgart. S. 125.)

Die Bauten des romanischen Stils.

Die Klosterkirche.

Hier steht voran die um das Jahr 1146 begonnene, 1178 eingeweihte, und wie alle Cisterzienserkirchen der h. Maria gewidmete Klosterkirche. Eine schlanke Pfeilerbasilika in der Form des lateinischen Kreuzes mit geradgeschlossenem Chor und 6 rechteckigen Kapellen im Querschiff, erhebt sie sich nicht im Norden, sondern, was viel seltener, im Süden der Klostergebäude, um drei Stufen höher als diese, tritt etwas vor die linkshin erscheinende zweistockige Westfront des Klosters heraus, und wir müssen sofort beide Fassaden in's Auge fassen, denn derselbe einheitliche, klar und großartig ordnende Geist, wie im Grundriß, waltet auch an dieser, 300 Fuß langen Schauseite, die ganz aus Sandsteinquadern ausgeführt, jetzt aber theilweise bis zur Unkenntlichkeit verändert oder verbaut wurde; von den Rundbogenfestern des oberen Stockwerks sind nur noch vier (s. u.) erhalten.

Strenges rechteckiges Rahmenwerk, mit seinem platten Wulst über alle Eingänge sich herziehend, gliedert Kirche wie Klosterfassade. Das zweistockige Klostergebäude läuft in gleicher Höhe mit den Seitenschiffen und mit demselben schlichten, aber wirksamen Kranzgesimse hin; merkwürdig einfach sind wieder die Verhältnisse. Die Fassade der Kirche ist eben so hoch als breit und zerfällt ferner in ganz gleiche Theile zu je 15 Fuß (halbe lichte Chorbreite); der erste Theil gibt die lichte Höhe des Hauptportals und die äußere Höhe der Nebenportale, der zweite das Ende des Rahmengesimses, zugleich Höhe der Seitenschiffe und auch des Klosters, der dritte die Grundlinie der Oberschifffenster, deren Mittelaxen die Oberschifffassade wieder in drei gleiche Theile, wovon ein Theil zugleich die äußere Höhe der Fenster bestimmte, theilen u. s. f.

Schlank und edel erhebt sich die ganze Fronte, an den Giebelschrägen der Haupt- und Seitenschiffe mit Rundbogenfries und Kantenzahnschnitt verziert. Unten die drei Rundbogenportale, von dem strengen rechteckigen Rahmenwerk umfaßt, oben die zwei Rundbogenfenster neben einander und im Giebel ein mit dem Sechsblatt geschmücktes Rundfenster; dies ist alles, was an Oeffnungen die Kirchenfassade belebt, aber doch ein hoher und schöner Eindruck. Das Mittelportal, außen noch einmal so breit als die Seitenportale, und im Lichten so hoch als diese mit der Umwulstung, tieft sich zweimal rechteckig ein, in den Ecken mit je einer Säule besetzt, und wird auch vom platten Wulste des Rahmenwerkes umzogen. Seine steile attische Basis geht um Pfeiler und Säulen, deßgleichen oben das hohe schwer lastende und derb gebauchte Kämpferkapitäl. Den Füßchen der Säulen legen sich schlichte Eckknollen vor. Im Halbrund des Bogenfeldes schimmert jetzt eine fast vergangene Freske vom Jahre 1424, darstellend die Widmung des Gotteshauses an Maria, dabei stand folgende Inschrift:

Anno domini M. centesimo trigesimo octavo nono Kald.
Aprilis Mulibrunnum per Guntherum Spirensem construit
Fridericus Caesar.   Waltherus.

Auch die Bogenleibungen des Portals sind gothisch bemalt mit Blumen und Blättern, gleichwie das Innere der Kirche, das ebenfalls im Jahre 1424 ausgemalt wurde. Die Thüre selbst ist, gleich wie jene an der Klosterkirche in Alpirsbach, mit Leder überzogen und über und über mit schönen romanischen Schmideisen- beschlägen und Knöpfen bedeckt, als eines der schönsten Beispiele dieser Art.

Grundriß des Hauptportals.

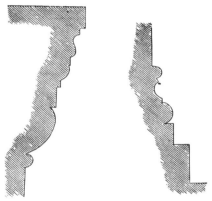

Profil der Pfeiler des Hauptportals.

Kräftig, klar und nicht ohne frisches und feines Leben ist endlich die Gesim- sung der Fassade, von der wir die Giebelecke des nördlichen Seitenschiffes geben; das Hauptglied des Rundbogenfrieses ist eine weich geschwungene Welle. Ganz ähnliche Bildung, nur einfacher, ohne Rundstäbe und Welle, und blos mit geraden Flächen oder mit Kehlen wirkend, zeigt die Giebelecke der schon genannten Cister- zienserkirche in Bebenhausen.

Derselbe Schmuck des Rundbogenfrieses mit scharfem Zahnschnitt darüber zieht sich am Hochschiff rings um die Kirche und läuft auch am Ostgiebel empor, nicht aber an den Querschiffgiebeln. An den Ecken des östlichen Kreuzarmes mußten wohl schon sehr bald des unsichern, theilweise sumpfigen Grundes halber und um bessere Widerlager gegen das Chorgewölbe bekommen zu können, die Mauern verstärkt und gegen unten durch schräganlaufende mit romanischen Kämpfer- kapitälen besetzte Strebepfeiler gestützt werden. Von Pfeiler zu Pfeiler schlug man dann am östlichen und am südlichen Kreuzarm rundbogige Entlastungsbögen, an der Ostwand des Chores einen ganz großen, der jetzt von dem gothischen Pracht- fenster durchbrochen wird. Darunter sieht man die schwachen Spuren einer Malerei.

Hier steht auch, etwa 15 Fuß über dem Boden am Eckstein gerade über dem Kämpferkapitäl des südöstlichen Wandpfeilers:

Hermann †

Der Name ist auf den Kopf gestellt und deshalb schwer zu entziffern, aber wir haben hier die noch ins Jahrhundert der Gründung zurückreichende inschriftliche Urkunde eines der bauenden Klosterbrüder.

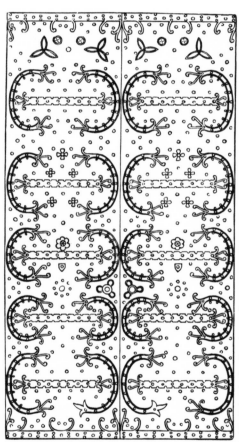

Thüre des Hauptportals. 1/40.

In die Ostwand und in die Südwand des östlichen Kreuzarmes wurde je ein gothisches Prachtfenster, im Stil des berühmten Fensters von Bebenhausen, das 1335 unter Abt Conrad von Lustnau verfertigt wurde, doch nicht von solcher Feinheit und Herrlichkeit, eingesetzt. Nur die nördliche Seite dieses Kreuzarmes hat noch, wenn auch vermauert, seine ursprünglichen Rundbogenfenster, drei an der Zahl, unten eines, zwei darüber, und zwar mit reicher, wechselnder, sehr wirkungsvoller Profilirung; sie sind, außer dem Rundfenster an der Frond des südlichen Kreuzarmes, das einzige Beispiel von entwickelten Fensterleibungen an allen noch romanischen Bauten des Klosters; alle übrigen noch erhaltenen Fenster haben tiefe glatte Schrägen, so die Fenster der Langseiten des Hochschiffes und auch der Seitenschiffe, so viele noch zu finden sind, denn im Jahre 1424 kam Abt Albrecht IV. auf den Gedanken, die ganze Kirche überwölben und gegen Süden durch zehn gothische Kapellen erweitern zu lassen. Baumeister war der Laienbruder Bertholt, ein in seiner Kunst wohl erfahrener Mann, den wir unten näher kennen lernen werden. Dieser überspannte die bis dahin außer Querschiff und Chor flachgedeckte Basilika mit Rippengewölben, und legte an das südliche Seitenschiff jene Reihe von zehn gewölbten Kapellen (s. Grundriß). Die Gewölbe des Hochschiffes stützte er durch Strebebögen, die er an hohe, aus den Umfassungsmauern der Seitenschiffe aufsteigende Spitzsäulen anfallen ließ, und so sieht man jetzt aus den Pultdächern der beiden Abseiten je eine Reihe mit Blumen besetzter Spitzsäulen sich erheben (Taf. III).

Das schon genannte Kapellenschiff erscheint gegen außen (Süden) als ziemlich niedrige Wand mit zehn breiten, von großlöcherigem spätgothischem Maßwerk erfüllten Spitzbogenfenstern. Alle diese Zubauten sind aus rothem Keuperwerkstein, der auch in der Nähe bricht, während der alte Bau ganz aus dem schönen grünlichgelben, warmtonigen Keuperwerkstein besteht. Aber nicht blos durch die Farbe, auch durch die Ausführung sticht der alte Bau bedeutend ab gegen das nicht untüchtig ausgeführte Neuere; namentlich die Oberwände des Mittelschiffes mit ihren zehn großen, glatt eingeschrägten Rundbogenfenstern, darüber dem klaren Rundbogen- und Zahnschnittfriese und dem zartschattigen Kranzgesimse, scheinen in ihrer ganz feinen Fugung und ganz trefflichen Arbeit wie erst gestern gemacht. Die nun theils verdeckte, theils verschwundene Umfassungsmauer des südlichen Seitenschiffes zeigte keine Friese, nur ein schlichtes Kranzgesimse und zehn schlanke Rundbogenfenster, von denen im Innern der Kirche noch die oberen Theile sichtbar sind.

Betreten wir dieses, so empfangen wir auch hier trotz aller gothischen Uebergriffe den Eindruck eines Baues aus einem Gusse, die hier erscheinenden Hauptformen sind zu einfach, kraftvoll, ruhig und wahr. Starke rechtkantige, an den inneren Seiten von je einer kräftigen Halbsäule besetzte Pfeiler tragen die zehn tiefen, einmal sich abtreppenden Rundbögen, welche das Hauptschiff mit den Abseiten verbinden und auf denen die hohe Wand des Mittelschiffes ruht, oben durchbrochen von der das volle Tageslicht spendenden Reihe der zehn Rundbogenfenster. Statt der ursprünglichen flachen Holzbalkendecken spannen sich jetzt im Hauptschiffe viel- und scharfrippige Netzgewölbe, in den Seitenschiffen Rippenkreuzgewölbe ein; der geradgeschlossene, durch den breiten Triumphbogen vom Querschiff getrennte Chor hat ein romanisches Rippenkreuzgewölbe: die Rippen haben eine breite, an den Kanten gekehlte Leibung, die tragenden hochgestreckten Ecksäulen sind streng romanisch mit schlichten Würfelknäufen, die Schildbogen schwach gespitzt.

So herrscht jetzt in der Deckenbildung der ganzen langhinabreichenden Kirche Einheit und Einklang, dazu der prachtvolle Abschluß des Chores durch das große gothische Fenster, und in der Mitte des Hauptschiffes vor dem Lettner das gewaltige, sandsteinerne Krucifix, dunkel und schwermuthsvoll aufragend. Die Seitenschiffe wirken auch wesentlich bestimmend mit, namentlich das südliche, welches durch die zehn gothischen Kapellen noch bedeutend erweitert und erhellt wird; und doch war gewiß (innen und außen) der frühere Abschluß durch die schlichte, von zehn schlanken Rundbogenfenstern durchbrochene Wand viel schöner. Das nördliche Seitenschiff bringt kein Licht, weil hier der Kreuzgang angebaut ist; es hat Fensteröffnungen der verschiedensten Form, darunter gegen die Nordwestecke hin zwei schlanke Rundbogenfenster.

Gar nicht in Betracht bei der Gesammtwirkung der Basilika kommen endlich die beiden Arme des außen 130 Fuß langen und 34 breiten Querschiffes, weil sie niedrig sind und sich nur mit je einem schmalen Rundbogen gegen das Hauptschiff öffnen, eine nur in Maulbronn vorkommende Anordnung; jeder Arm des

19

Querschiffes zerfällt nämlich in einen 13 Fuß breiten Gang und in je drei ebenso tiefe rechteckige Kapellen gegen Osten (gewöhnlich sind es nur je zwei, je drei kommen auch in den Cisterzienserkirchen zu Eberbach und Haina vor), alles von Kreuzgewölben, die sich durch massige Rundbögen von einander trennen und meist von stämmigen Ecksäulen ausgehen, übersprengt; die Gewölbe des südlichen sind

Giebelecke des nördlichen Seitenschiffes.

spitzbogig und rippenlos, die des nördlichen rundbogig und mit Rippen von schwerer rechteckiger Leibung. Vom linken Querschiffarm aus führt eine bequeme, noch aus romanischer Zeit stammende steinerne Treppe nach dem in einer Länge von 230 Fuß sich hinziehenden Dorment, einst die Wohnung der Mönche, jetzt die der Zöglinge des Seminars, und unter der Treppe führt ein tonnengewölbter Raum in den Kreuzgang. Düster und dumpf, aber von großem malerischem Reize, sind diese niedrigen Hallen; Licht kommt nur durch die jetzt in spitzbogige vergrößerten Fenster der Ostwand; aus den nackten Sandsteinmauern dringt überall Feuchtigkeit hervor und hat sie mit dunkelgrünen Moosen und weißlich

schimmerndem Sinter überzogen. In solche Kapellen zogen sich, wie Caesarius von Heisterbach schreibt, die Mönche nach vollbrachtem Chordienst einzeln zurück, um sich vor den Altären niederzuwerfen, zu entblößen und zu geißeln. Und vielleicht als eine Anspielung darauf erscheinen verschiedene Würfelknäufe der hier stehenden Ecksäulen wie mit starken Seilen umflochten, besonders in einigen Kapellen des

Profile des nördlichen Chorfensters.

südlichen Kreuzarmes. Ueber den Hallen ergaben sich weite Räume, als Bibliothek, Versammlungssaal, Schatzkammer, Archiv benützt; der über dem südlichen Querschiffarm erhielt sich noch mit seiner Holzbalkendecke, man sieht noch, wie an die starken Balken Querhölzer unten angeschraubt sind, in denen flache Bretter eingefalzt waren.

Kranzgesims der Seitenschiffe.

Werfen wir nun wieder einen Blick auf den Grundriß und auf die darin erschlossenen Maße. Wir finden bei 240 Fuß ganzer äußerer Länge 80 Fuß äußere Breite, innere Mittelschiff- und Chorbreite 30 Fuß, innere Seitenschiffbreite 17,5 Fuß, also zum Mittelschiff so ziemlich im Verhältniß des goldenen Schnittes (3 : 5) getheilt; Beginn des Lettners bei 110 Fuß, des Querschiffes bei 180 Fuß, Beginn der östlichen Querschiffwand bei 210 Fuß, stets von der Westfassade aus gerechnet, faſt immer mit 30 theilbare Zahlen und in einfachen Verhältniſſen zu einander ſtehend; ferner Summe der Pfeiler und Umfaſſungsmauern 15 Fuß; Breite der Seitenſchiffe ſammt den Pfeilern 25 Fuß, hiedurch die Breite der Kirche wieder höchſt einfach zerfallend in 25, 30, 25 Fuß, dann Ausdehnung der Quer-ſchiffarme gleich der doppelten äußeren Seitenſchiffbreite 2mal 25 Fuß, und hie-durch wieder die Herrenkirche in der Länge zur Breite wie 1 zu 1. Alſo überall eine merkwürdige Harmonie, die ſich nun auch in den kleineren Maßen nach-weiſen läßt. Wir ſehen, von der Weſtwand des Schiffes bis zum Choranfang

Profil der Kreuzrippen
im Chor.

Kapitäle im ſüdlichen Kreuzarm.

zerfallen die Seitenſchiffe in 10 Quadrate, deren Seitenlänge genau die durchſchnittliche Entfernung von Axe zu Axe der 10 Arkaden-bögen iſt (und zwar iſt die Breite des nördlichen Seitenſchiffes ge-nommen, das ſüdliche iſt etwas breiter), wogegen dann das Mittel-ſchiff in beinahe 6 Quadrate zerfällt; und zwar gehen die erſten 6 Quadrate der Seitenſchiffe gerade bis zum Anfang des Lettners, die 4 weiteren vollends bis zum Anfang des Querſchiffes. Hieraus

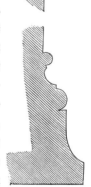

erklärt ſich, warum die Arkaden vom Lettner gegen Oſten je um 1 Fuß enger ſind, weil ja der Lettner in der vorderen Flucht des ſechsten Pfeilerpaares liegt, und da-durch die Länge der letzten 4 Arkaden um eine Pfeiler-ſtärke (oder 4 Fuß) verkürzt wird. Man baute wohl, wie ſchon oben bemerkt, einentheils von Weſten nach Oſten, und ſo mochte zur letzten Arkade am Lettner das

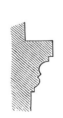

Profil des
Leiſtenwerks
über den
Pfeilern.

Maß nicht mehr zureichen, ſie iſt enger als die übrigen fünf; anderntheils wurde wohl vom Querſchiff aus gegen den Lettner her gebaut.

Profil der Pfeiler.

Auch die Höhenverhältniſſe ſind wieder von großer Einfachheit, die lichte Höhe des Mittelſchiffes beträgt 65 Fuß, das iſt gleich der Breite der Seiten-ſchiffe und der eigenen Breite (2mal 17½ + 30); und die Höhe der Seitenſchiffe, 30 Fuß, gleich der Mittelſchiffbreite, ferner die Höhe bis oben an das Kämpfer-geſimſe der Arkadenpfeiler wieder 17½ Fuß (oder Seitenſchiffbreite, das letztere Verhältnis findet ſich auch in der Bebenhauſer Baſilika, die nur neun Arkaden-bögen hat.

Die Pfeiler ſind einfach rechteckig und nur an der Innenſeite mit einer ſtarken Halbſäule beſetzt; dieſe entwickelt ſich mit einem Eckknollenfüßchen aus der hohen attischen Basis des Pfeilers und trägt in der Kämpferhöhe desselben einen scharf umränderten Würfelknauf, auf dem die innere Abtreppung des Rundbogens aufruht. Die Kapitäle der Pfeiler sind, ganz wie die der Wandpfeiler außen am südlichen und östlichen Kreuzarm, aus Welle und Wulst wirksam zusammengesetzt und von ihnen steigt, die tiefen Arkadenbögen rechteckig umrahmend, wohlprofilirtes Leistenwerk auf. Dieselbe Anordnung des rechtwinkligen Rahmenwerkes im Hauptschiff fand sich schon an der jetzt zerstörten, 1091 eingeweihten

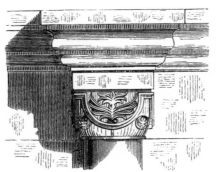

Kapitäl am Pfeiler links vom Lettner.

Knaufkonsole am linken Vierungspfeiler.

Knaufkonsole am rechten Vierungspfeiler.

Kapitäl in der ersten Kapelle des nördlichen Kreuzarmes.

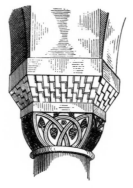

Kapitäl in der zweiten Kapelle des nördlichen Kreuzarmes.

Kapitäl in der Südwestecke des südlichen Kreuzarmes.

Peter- und Paulskirche zu Hirsau im württembergischen Schwarzwald und ferner, von Hirsau dorthin gebracht, an den sächsischen Basiliken von Thalbürgel und von Paulinzelle. Die Würfelknäufe der Halbsäulen sind meist nur mit glatten (scharfumrissenen) Schildchen versehen; die neben dem Lettner zeigen mäßige, gleich und streng geordnete Blattzierden. Im Querschiff treten von Seilen umflochtene oder Blätter-Kapitäle auf, doch immer mit der Grundform des schweren Knaufes.

Die Eckknollen wechseln zwischen einfachen und reicheren, immer aber strengen Formen.

An der gegen die Nebenschiffe gekehrten Seite der Pfeiler laufen jetzt halbachteckige, im Jahre 1424 angesetzte Dienste (aus rothem Keuperwerksteine) hinauf, bei denen sich der damalige Baumeister Bertholt dem Stil jener romanischen Halbsäulen anschloß; er versah z. B. ihre Füßchen auch mit Eckknollen, behandelte dieselben aber, ganz bezeichnend für die Zeit, höchst frei und abweichend, nämlich als schwungvoll gehaltene, feine, tiefunterschaffte Darstellungen von Fröschen, Krebsen, Skorpionen, Blättern, Zweigen und Früchten. — Hierüber wie über alle gothischen Zuthaten der Kirche bei Besprechung der gothischen Bauzeiten des Klosters.

Der zwischen dem sechsten Pfeilerpaar aufgebaute steinerne Lettner ist einer der wenigen erhaltenen aus dem zwölften Jahrhundert und ganz im Geiste der Basilika, namentlich der Westfassade, gehalten, belebt von Nischen und Durchgängen, um die sich die attische Basis der Arkadenpfeiler als wirkungsvolles Rahmenwerk herzieht. Kräftiges Schachbrettmuster, das auch in Bebenhausen vorkommt, bildet die Krönung. An seiner Westseite öffnet sich eine große rundbogige Flachnische zwischen zwei schönen Rundbogenpforten, weiter gegen außen je eine schmale Flachnische; in der nördlichen erhielt sich noch eine halbvergangene romanische Malerei, die h. Dorothea mit dem Christuskind auf einem Teppichmuster. Aehnlich markig und wohlthuend, nur mit rechteckigen Umrahmungen um die beiden Pforten, ist

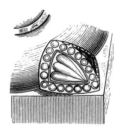

Eckknollen.

die gegen den Chor gekehrte Seite des Lettners gegliedert, und beide Fronten, jetzt großentheils verstellt, mußten, als ihre Malereien noch schimmerten, von einer schönen Wirkung gewesen sein. In den Seitenschiffen liefen steinerne Schranken herüber, von denen im nördlichen sich noch Reste mit einem sehr schönen Rundbogenfries an der Chorseite erhielten. Die Steinschranke des südlichen Seitenschiffes ist verschwunden, sie wurde in spätgothischer Zeit durch eine hölzerne ersetzt, die noch vorhanden, aber bei Seite gestellt ist.

Bis hieher, bis an den Lettner, gieng die Laienkirche, der sogenannte Bruder-Chor, und schloß den der Klostergeistlichkeit vorbehaltenen, um 20 Fuß längeren Herren-Chor ab.

Fragen wir endlich nach dem Stil der Verzierungskunst der hiesigen Cisterzienser, soweit er sich an der Kirche zeigt, so müssen wir ihnen das Zeugnis geben, daß sie mit höchst wenigen Mitteln einfach große, kraftvolle und dabei oft sehr anmuthige Wirkungen erzielten; auch mildert sich an hervorragenden oder auch an unbewachten Stellen die strenge Ordnung durch das bescheidene Eindringen zierlicher Seil- oder Blätterornamentik. Die Hauptform der Kapitäle, der volle Würfelknauf mit scharf umrissenen Schildwänden und schneidigen, glattgemeißelten Gräten an der starken und rauh behauenen Wölbung des Knaufes ist in hohem Maße streng und bedeutend. Mitunter sind die Schildchen mit

Scheibchen oder Rosettchen besetzt, wie am ersten Pfeilerpaar, oder auch, wie an den Pfeilern beim Lettner, mit palmettenartigem Laubwerk freundlich geschmückt. Verlassen wird die Würfelknaufform mit Schildchen an den zwei vorderen Vierungspfeilern, an denen sowohl die beiden, statt der Halbsäulen angebrachten Konsolenkapitäle, als auch die Ecksäulen mit reichem Laubwerk (Eichenblätter und Trauben) ganz bedeckt sind; als Grundform wird aber immer der volle Würfelknauf beibehalten. Die Kapitäle der Querschiffkapellen gehen bei derselben Grundform von der Umschnürung aus, theils in einfachen Verschlingungen, theils blicken aus den Maschen des Netzwerkes Palmetten oder Rosettchen, Trauben und Blätter heraus, so an den Kapitälen der zweiten Kapelle des nördlichen Kreuzarmes, wo zwischen die Netzmaschen Rosettchen, Trauben und das einfach schöne Blatt des Arum ge-

Ansicht des Lettners vom Chor aus. ¹/₃₀ nat. Größe.

legt sind. Sonst wird, wie am Aeußern des Gebäudes, ausschließlich durch kraftvolle Gliederungen, die besonders auch zu Rahmenwerk benützt werden, gewirkt, und man muß der Handhabung dieses im Grund höchst einfachen Mittels alles Lob spenden; der Eindruck ist immer ein gediegener, gewichtiger, klar und feierlich bewegter; — und so wäre nun, genau nach der Vorschrift Bernhards von Clairvaux, die ganze Kirche ohne irgend ein Fratzengebilde aufgeführt; dasselbe ist von den andern Klostergebäuden zu sagen. Wohl ein sehr großer Abstand gegen die gleichzeitigen Bauten in Schwaben zu Gmünd, Faurndau, Brenz, Lorch, Denkendorf u. s. w., an denen das thier- und menschenähnliche Fratzenwerk einen Hauptbestandtheil der Bauzierden bildet, an denen, wie im geraden Gegensatz zu den Cisterzienser-Ordenskirchen, diese Zierkunst oft in der ungezügeltsten Laune sich gehen ließ.

Wenn man sich im ersten Jahrzehnt des 13. Jahrhunderts dem Kloster von Westen her näherte, so erblickte man die ganze 300 Fuß lange Schauseite der Kirche und des Klosters als ein zusammenhängendes, festgeschlossenes Ganzes.

Schnitt durch das Laienrefec

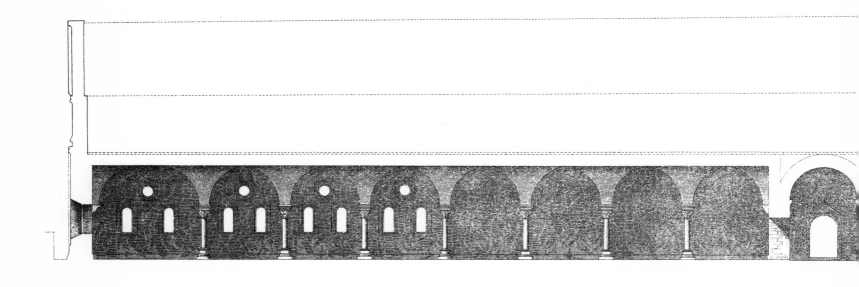

Aufgen. u. gez. v. Dank u. Schneider. Redig. v. E. Paulus.

rche und des Klosters,
ahrhunderts.

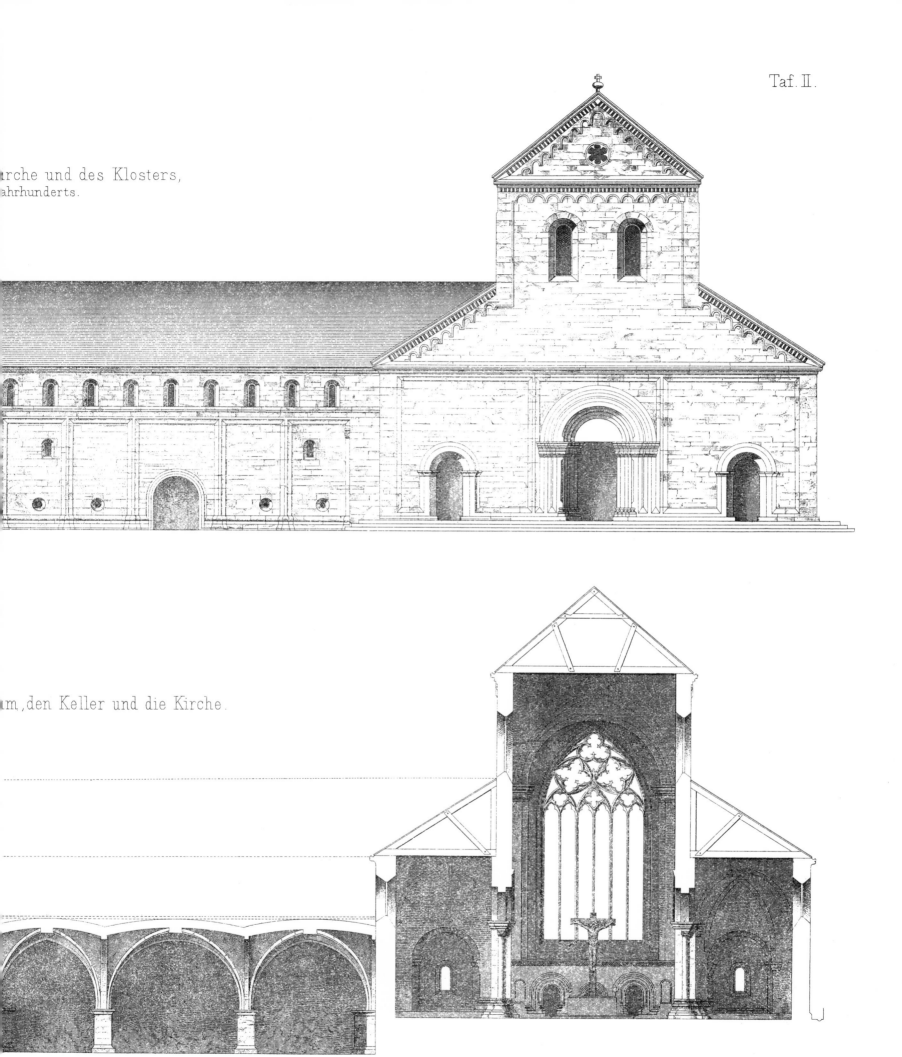

m, den Keller und die Kirche.

15   20 M.

Lith. Anstalt v. G. Hopphan, Stuttgart.

Zur Rechten die Kirche, über drei Stufen erhöht und mit dem Oberschiff hoch emporstrebend, zur Linken das Kloster, etwas zurücktretend und nur bis zur Traufe der Seitenschiffe reichend, aber doch zusammen eine ganz einheitliche mächtige Front bildend und diese Gebäude enthielten, ganz ähnlich wie das Mutterkloster Cisterz (Citeaux), mit dessen Plan Maulbronn die größte Aehnlichkeit hat (s. weiter unten bei Besprechung des ganzen Situationsplans), den Vorrathskeller

Rundbogenfries an der Lettnerschranke.

das Refektorium und oben die Wohnung der Laienbrüder (Conversi). Schon nach dem Jahr 1220 wurde jedoch der Kirche jene prachtvolle Vorhalle im Uebergangsstil vorgelegt und in spätgothischer Zeit wurde die Faſſade des Klosters

selbst bedeutend verbaut durch einen rippenkreuzgewölbten Arkadengang, auf dem gerade vor dem alten Klostereingang noch ein Stockwerk mit schlankem Giebel sich erhebt; endlich wurde noch vor die Faſſade des Laien-Refektoriums ein großes modernes Haus gestellt und auf das Refektorium selbst, mit Beibehaltung der

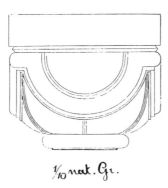
⅒ nat. Gr.
Würfelknauf-Konsole im südl. Kreuzschiff.

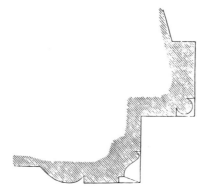
Profil des Klostereingangs.

alten Mauern des zweiten Stockwerks, das jetzige mehrstockige Oberamtsgerichtsgebäude gesetzt. Glücklicher Weise erhielt sich hinter dem spätgothischen zweistockigen Vorbau, jetzt in einer Holzlege, die ursprüngliche Gestalt der Außenwand des zweiten Geschosses der romanischen Klosterfaſſade, nämlich ein schwer umwulstetes Rundbogenportal, mit je zwei schmalen Rundbogenfenstern zur Seite, durch das man früher auf die Plattform einer kurzen romanischen Vorhalle, welche sich unter jenen vier Fenstern hinzog und den vor dem Eingang zum Kloster Stehenden Schutz gewährte, hinaustrat; es haben sich von ihr Andeutungen an der Wand erhalten.

Wie schon oben gesagt, 120 Fuß von der Axe des Hauptportals, oder 80 Fuß von der Ecke der 80 Fuß breiten Kirche entfernt liegt die Axe der Hauptpforte, des Klosterein- und durchganges, ein 45 Fuß langer, 18 Fuß hoher tonnengewölbter Gang, nach außen, wie nach dem Kreuzgang, mit ganz demselben Rundbogenportale sich öffnend. Diese beiden, wie von einer Hand gearbeiteten Portale, ziehen sich einmal eingetreppt mit Wulst, Welle und Rundstab ernst und würdig umher und zeigen auf jedem Stein des äußeren glatten Umrahmungsgliedes sorgsam eingeritzt, eine schöne heraldische Lilie, auf dem innern ein großes lateinisches W.

 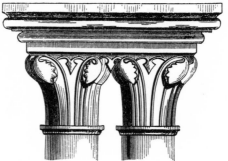

Kapitäle im Laien-Refektorium.

Vorrathskeller, Laien-Refektorium, Herrenhaus.

Der Vorrathskeller, rechts am Durchgang, und links von demselben das Laien-Refektorium, sind mit dem Durchgang zusammen fast genau 5 mal

Säulen im Laien-Refektorium.

so lang als breit (5 mal 45 Fuß) und erscheinen gegen außen auf allen drei freien Seiten in derselben Weise durch jene Leisten gegliedert; nur sind jetzt im Kreuzgange die Lisenen weggespitzt, man findet ihre Spuren an der unten noch umherlaufenden Sockelwulst und auch an der Wand selbst; doch reichten sie nicht hoch hinauf, und von ihnen giengen breitspitzbogige, jetzt auch weggespitzte Entlastungsbögen aus, die in der ganzen Wand dieses Kreuzgangflügels sich hinzogen. Hier lief wohl oder sollte laufen der ursprüngliche Kreuzgang, während die gegen den jetzigen Kreuzgang gekehrte Außenwand der Kirche ganz glatt ist. Vom Klosterdurchgang führt rechts eine Thüre in den großen Vorrathskeller, der an der Schauseite (Westseite) mit einem weiten Rundbogenportal und einigen tiefeingeschrägten Rundbogen- und Rundfensterchen sich öffnet, sonst nur durch das ernste Rahmenwerk eingetheilt wird. Ganz unten an seiner zweiten Lisene, rechts vom Klostereingange, steht

ANNO·AB·ICARNACIONE·DNI·M·CC·I

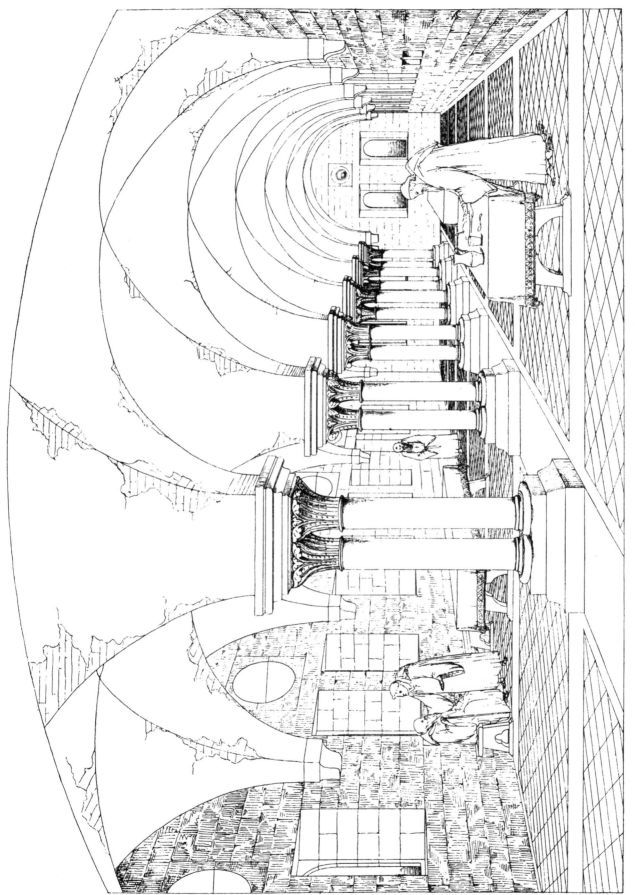

Das Refektorium der Laienbrüder.

Anno. ab. incarnacione. domini. 1201, eine der älteſten Inſchriften unſeres Landes mit Jahreszahl. Innen wird der dunkle, 70 Fuß lange, gegen 37 Fuß breite und 24 Fuß hohe Raum, deſſen Boden bedeutend tiefer als die anſtoßenden Räume liegt, von ſechs mächtigen Rippenkreuzgewölben von breiter, rechteckiger Leibung überſpannt, die auf zwei achteckigen Pfeilern mit einfachen abgeſchrägten Kämpfer-

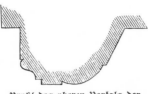

Profil des oberen Portals der
Kloſterfaſſade.

kapitälen ruhen. Die Quergurten ſind breit ſpitzbogig. Das Laien-Refektorium, links vom Kloſterdurchgang, mit einer äußeren Länge von 3 mal der äußeren Breite (45 Fuß) dehnt ſich als der längſte bedeckte Raum des Kloſters hin und wird in der Mitte

¼₀ nat. Gr.

Die Geſimſe am obern
Stock der Kloſter-
faſſade.

von 7 Doppelſäulen durchſtellt, die auf ihren prächtigen Blätterkapitälen rippenloſe Kreuzgewölbe tragen. Seine beiden urſprünglichen, jetzt vermauerten Pforten, eine zum Eintreten, die andere zum Hinaustreten, liegen am Kloſterdurchgang und werden von ſehr ſtarken geraden Oberſchwellen bedeckt. Der Raum, innen 126 Fuß lang, 37 Fuß breit und halb ſo hoch, iſt in jeder Hinſicht großartig; die Fenſter, wie die Säulen, überall gedoppelt, innen geradgeſtürzt, außen halbrund, haben in der Mitte über ſich ein Rundfenſter und werden ſammt dieſem innen

Brunnen in der alten Form.

umfaßt von einem ſehr ſpitzen, aus der Wand etwas herausragenden Entlaſtungsbogen. Dieſe Bögen gingen früher weiter herab und ruhten auf breiten, jetzt von der Wand weggeſpitzten Konſolen, deren Umriſſe noch zu erkennen ſind. Die jetzigen Gewölbe ſind neuer, urſprünglich waren es ohne Zweifel derbe Rippengewölbe, wofür auch der in der Nordweſtecke befindliche, von Seilen umflochtene ſpätromaniſche Tragſtein ſpricht. In unſeren Tagen wurde die Halle unter großen Schwierigkeiten, weil jetzt auf ihren Gewölben das mehrſtockige Oberamtsgerichtsgebäude ruht, erneuert und die Säulen ſammt Kapitälen neu eingeſetzt; die alten Kapitäle, die den jetzigen als Vorbilder dienten, ſind noch in den Fenſterniſchen aufgeſtellt. Dieſe Kapitäle nun, gleichwie auch ſchon die Zuſammenordnung der Fenſter, bezeugen eine bedeutende Veränderung im Stil; ſie ſind nämlich die älteſten in Maulbronn, welche die Kelchform annahmen, während ja noch ſämmtliche Kapitäle der Kirche die ſchwere Würfelknaufform haben. Auch treiben ſich an ihnen die

Blätterzierden in einem Zuge strebend empor, während in der Kirche die Blätter schuppenartig, oder von Seilnetzen umschnürt, schüchtern hervortreten. Auch die Säulenbasen verlassen die steile attische Form, werden platt, weich geschwungen, eingehöhlt und ragen, alles in französisch-gothischer Weise, über den Sockel hinaus. Solche Formen, die wir dann weiter geführt sehen an dem östlicher gelegenen,

1/100
Arkadengang des Herrenhauses.

nur durch die frühere Klosterküche vom Laien-Refektorium getrennten Herren-Refektorium und weiterhin an der Vorhalle vor der Kirche und dem ebenso glanzvollen an der Nordseite der Kirche hinlaufenden Flügel des Kreuzganges. Die Kapitäle des Laien-Refektoriums, deren Formen sich einmal wiederholen, verbinden mit einer

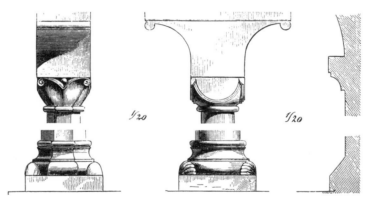

1/20   1/20
Details vom Arkadengang des Herrenhauses.

überraschenden Größe im Entwurf, die durch die Doppelung noch gesteigert wird, eine gar feine und anmuthige Belebung der Hauptformen durch winzige Schmuckzierden, wie Diamanten, Zahnschnitte, Perlreihen.

Außen ist das Laien-Refektorium majestätisch belebt durch die rundbogigen Doppelfenster mit dem Runde darüber, gleichsam die älteste urthümlichste Form des gothischen Maßwerks, und allemal umfaßt von der ernsten rechteckigen Rahmung (s. auch Taf. II).

Am oberen Rahmengliede jenes schwerumwulsteten Rundbogenportales des zweiten Stockwerks sind viele Sternrosettchen und einzelne Masken ausgemeißelt.

29

Eine steinerne, jetzt abgebrochene Wendeltreppe führte früher innen an der Ostwand des Refektoriums hinauf in das zweite Stockwerk, die Wohnung der Laienbrüder, die wohl zugleich, wie auch das Laien-Refektorium selbst, zu der zeitweiligen Aufnahme und Speisung so mancher hier vorbeikommenden Pilger diente; und daß gerade Maulbronn dieser Richtung des Ordens, einer ausgebreiteten Gastfreundschaft, volles Genüge thun wollte, dafür spricht auch seine Errichtung ganz in der Nähe der Kaiserstraße von Cannstatt nach Speier.

Noch in die Gruppe der strengromanischen Klostergebäude, und zwar noch in das zwölfte Jahrhundert, gehört endlich das Herrenhaus, 105 Fuß lang und halb so breit, das, wie schon bemerkt, an der Nordostecke der Klosteranlage liegt und wieder beweist, in welch ausgedehnter Weise gleich zu Beginn das Kloster

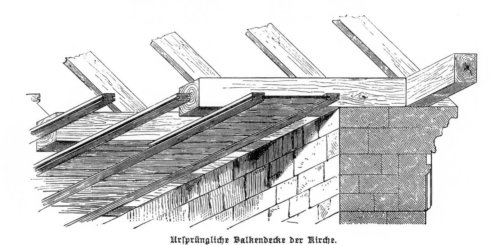

Ursprüngliche Balkendecke der Kirche.

aufgeführt wurde; am besten erhielt sich an dem Herrenhause der an seiner Südseite, am großen, malerisch verwachsenen Klostergarten hinziehende flachgedeckte Gang, sich öffnend mit zwei schönen noch strengen Arkadenfenstern, deren stark verjüngte Knaufsäulen breite Aufsätze tragen. An der Rückwand des Ganges sind rundbogige Thüren und Fenster, und die eigentlichen Umfassungsmauern haben jetzt meistens Fensterchen aus ziemlich frühgothischer Zeit. Das Gebäude, ursprünglich mit Herrengemach, Fürsten-Tafelstube und Herrenbad für Besuche der Schirmherren eingerichtet, später weltlichen Beamtungen zugewiesen, wurde nach Abbruch der westlich daran stoßenden Prälatur die Wohnung des evangelischen Prälaten und Vorstandes der Klosterschule. Auch die beiden unteren Schalen des Brunnens in der Brunnenkapelle, wovon die unterste Schale noch am alten Platze steht, weisen auf die frühe Zeit.

Rückblick. Fassen wir noch einmal die Kirche und die andern romanischen Gebäude ins Auge. Nach wiederholten Untersuchungen der Umfassungsmauern und des Dachwerks der Kirche ergab sich, daß dieselbe in ihrer gesammten Anlage, mit Querschiff, Strebepfeilern und Blendarkaden des Chores und mit dem Chorgewölbe, noch ganz in das romanische Zeitalter zu setzen ist. Jene schiefanlaufenden Strebepfeiler und weiter hinauf jene vorgeblendeten Bögen und starken Wandbänder müssen zur Zeit, da der ursprünglich mit flachen Exklisenen begonnene Chor nur erst bis zum Fenstergesims reichte, als Verstärkung wegen des noch heut zu Tag unsicheren Grundes, eingesetzt und vorgemantelt worden sein; hiefür sprechen sowohl die Fugung ihrer Steine, als auch die daran angebrachten Steinmetzzeichen (s. u.), die mit denen innen im Chor und an der sehr alten Westseite der Kirche übereinstimmen, wie sich sogar der am südöstlichen Verstärkungspfeiler des Chores eingemeißelte Name Hermann an dem vom Hauptschiff in das südliche Querschiff führenden halbrunden Arkadenbogen wiederholt.

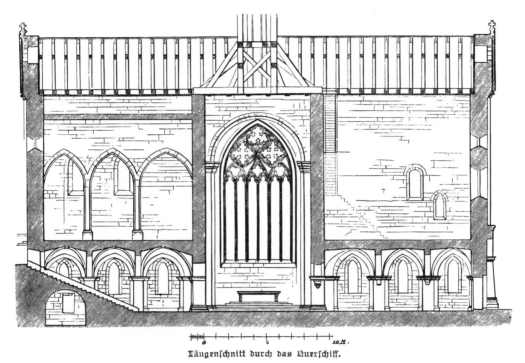

Längenschnitt durch das Querschiff.

Die vorgeblendeten verstärkenden Strebepfeiler und Arkadenbögen des südlichen Querschiffarms, dessen Ecken nie mit Lisenen besetzt waren, wurden gleichfalls, wie ihre zahlreichen Steinmetzzeichen (s. u.) besagen, noch während des Baues der Kirche angefügt.

Endlich ist auch das Chorgewölbe ursprünglich und so alt, wie die noch heute in deutlichen Resten erhaltene, unten an die Balkenlage angeschraubte Holzdecke der alten Basilika. Schon der Dachstuhl des Chores macht mit seinen fünf östlichsten, vom dritten an in den Deckenbalken unterbrochenen Gebinden noch heute den Eindruck, daß er mit Rücksicht auf das Gewölbe sorgsam ausgespart wurde; doch ließe sich am Ende eine sorgfältige und regelmäßige Unterbrechung und Auswechslung auch denken bei späterer Ausführung des Gewölbes. Entscheidend aber ist ein anderer Grund: wäre das Gewölbe nämlich so und so viele Jahre nach der Einweihung, etwa zur Zeit des Uebergangsstiles, eingesetzt worden, so hätte sich die über allen übrigen Räumen der Kirche gleichförmig verbreitete Holzdecke auch über den Chor erstreckt und es müßten sich an seiner Balkenlage, die ganz genau mit der des Hoch- und Querschiffes übereinstimmt, wenn nicht die Reste dieser Holzdecke, so doch jedenfalls die Schraubenlöcher dazu an den Unterseiten der Balken vorfinden. Von diesen Schraubenlöchern, die sich an den Deckenbalken des Hoch- und Querschiffes noch überall mit Händen greifen lassen, ist aber an den Balken des Chores keine Spur. Wir dürfen gewiß die Vollendung des Chorgewölbes kurz vor das Jahr der Einweihung (1178) ansetzen, für welch hohes Alter auch die mächtige Dicke der Gewölbekappen, sowie die Form der Ecksäulen und der Kreuz-

Die Vorhalle, von innen gesehen.

gurten einstehen. Gerade das Profil der Gurten weist so recht in die Zeit zwischen altromanischem und Uebergangsstil; zu diesem war noch ein bedeutender Schritt zu machen.

Anders verhält es sich mit dem Gewölbe der (schmalen) Vierung und dem in dieselbe führenden Scheidebogen; beide stammen erst aus der Zeit der Ueberwölbung der drei Schiffe mit spätgothischen Rippengewölben, um das Jahr 1424. Die Kirche hatte bis dahin eine Vierung durchaus nicht markirt. Für die spätgothische Zeit des Vierungsgewölbes und des Scheidebogens sprechen außer den Profilen die den Bogen tragenden Konsolen, die auf den ersten Anblick als romanisch erscheinen, den Kämpferkapitälen des entschieden romanischen Triumphbogens jedoch nur nachgebildet sind. Bei genauerer Betrachtung erhellt, daß einzelne ihrer Glieder gothisiren; — und gleichsam um spätere Zeiten nicht irre zu leiten, haben die Steinmetzen, welche die Konsolen schafften, jede davon mit einem spätgothischen Steinmetzzeichen versehen, wie solche an den ums Jahr 1424 errichteten Bautheilen der

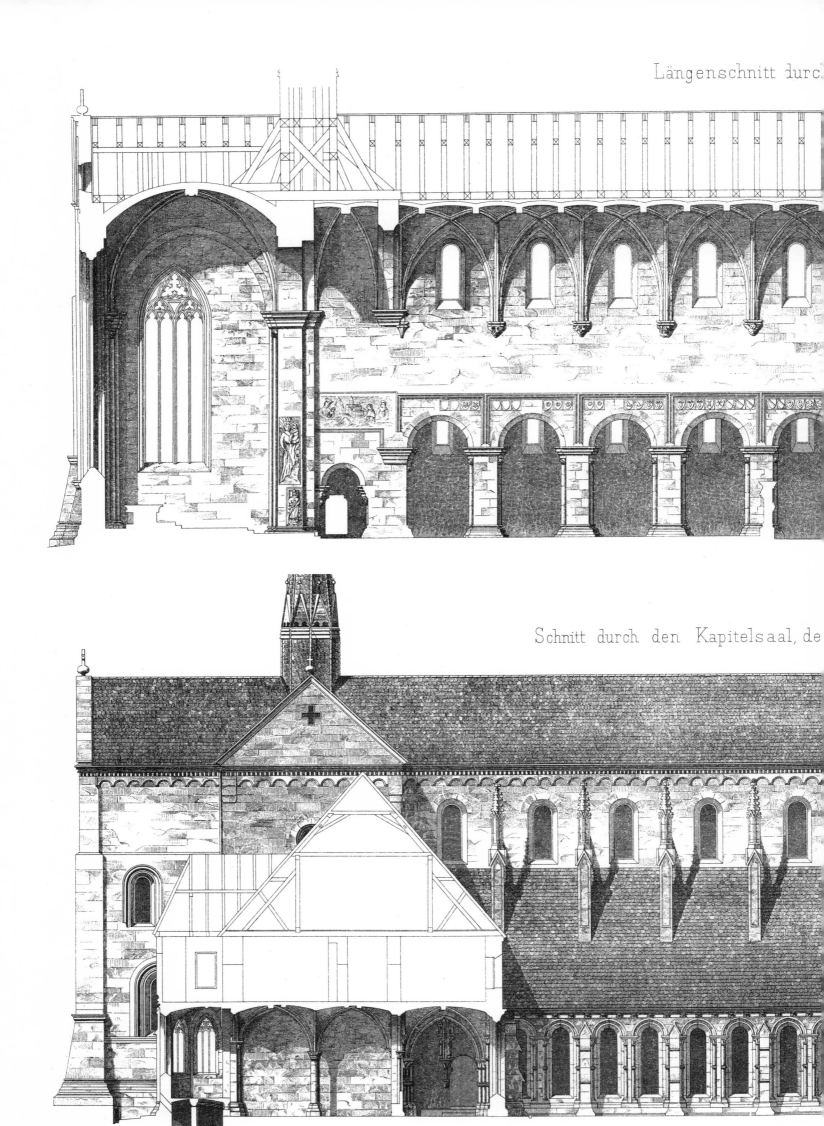

Längenschnitt durc

Schnitt durch den Kapitelsaal, de

Aufgen. u. gez. v. Dank.

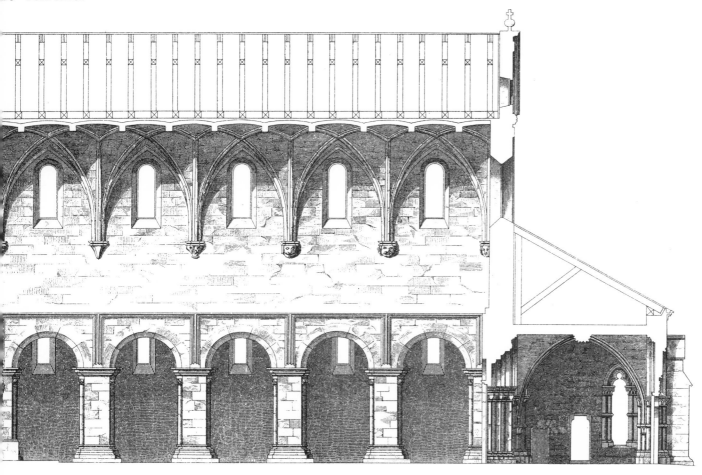

reuzgang und den Keller.

15   20 M.

Kirche häufig sind. Zum Ueberfluß zeigt dann das über dem Scheidebogen auf-
geführte Mauerwerk wieder eine Menge spätgothischer Steinmetzeichen aus eben-
genannter Zeit. Der Scheidebogen wurde lediglich für den noch jetzt darauf sitzenden hohen Dachreiter aufgeführt. Der Dachstuhl desselben, unordentlich und
mit ausnehmender Holzverschwendung aufgerichtet, besteht aus lauter Eichenstämmen,
der einfache klare romanische Dachstuhl, der außer diesem kleinen Theil über der
Vierung noch das ganze Gebäude bedeckt, aus Tannenstämmen.

Wie schon oben zu beweisen gesucht wurde, gieng der Hochbau der Kirche
gleichzeitig von Osten und von Westen aus; man betrachte nur noch einmal die westlichen Portale und jene erst mit dünnen Lisenen versehene, jetzt mehrfach um-
mantelte Ostseite des Chores — und durchaus nicht damit im Widerspruch stehen
die an der Kirche innen und außen scharf eingeritzten Steinmetzeichen, die
gleich einer schwer zu enträthselnden Runenschrift*) über das Gebäude sich hinziehen,
doch so, daß an den ältesten Theilen gar keine oder nur ganz wenige vorkommen,
— am Hauptportal sind gar keine, dagegen schon an den Seitenportalen: Chor
und Westseite haben die wenigsten, die Arkaden des Mittelschiffes, Pfeiler und
Bögen, schon viele.

Wir geben zuerst die Steinmetzeichen an der Kirche, von Osten nach Westen.

Am Chor innen: ᚻᚼ

Außen, besonders an den Verstärkungsmauern: ᚠᚲᚩᚼᛏ

An und über dem in den südlichen Querschiffarm führenden Bogen, woran
wieder der Name Hermann eingeritzt ist: ᚻᚦᚲᚿᚻᚢᛒ

Dieselben Zeichen wiederholen sich am gegenüberliegenden Bogen.

An den drei ersten nördlichen Pfeilern und Bögen bis zum Lettner:
ᛒᚻᚦᚠᚻᚢᛢᚱᚱᚢᚦᚱᛠᛞᚱ

An den drei ersten südlichen Pfeilern und Bögen bis zum Lettner:
ᚱᚤᛄᛁᛞᛁᚱᛉᛉ᙭

An den Pfeilern am Lettner: ☐ ᚾ ᚴ ᛤ

An den 5.—7. Pfeilern u. s. w., südlich und nördlich:
ᛞᛟᛓ᚛᚜ᚾᛒᚢ᙭ᚱᛐᚗ᚞

An den 8. Pfeilern u. s. w.: ᛁᛚᛠᛐᛕᚨᛉᛐᛲᚲ

An den 9. Pfeilern u. s. w.: ᛐᛒᛞᛟᙾ᚜᚛᚛᚜᚜ᛐᛕᛐ

An der Westwand der Kirche innen: ᛓᛈᚤᚦ᚛ᚢᚢᛟᚠ

außen: ᚪᚢ᚛ ᛆ ᛞ ᚻ ᛘ

Endlich an den Strebepfeilern des südlichen Querschiffarmes:
ᚠ ᚱᚻᚢᚱᛐᛒ ᚘ

*) Daß verschiedene dieser Zeichen echte Runen-Buchstaben sind, wird jetzt nicht mehr be-
zweifelt.

Am südlichen Querschiffarm (Südseite, mehr in der Höhe):

$$\cup \; B \; A \; + \; \underset{\wedge}{+} \; H \; 9 \; \Psi$$

Am Hochschiff außen (Südseite): $+ \; \mathcal{A} \; V \; \Uparrow \; | \; O$

Als das zweitälteste Gebäude erscheint dann jedenfalls das Herrenhaus.

Der Bau der nördlich an die Kirche stoßenden, mit ihrer Westseite in einer Flucht liegenden Räume (Vorrathskeller und Laienrefektorium) mag, aus den Formen und den Steinmetzzeichen zu schließen, gleichzeitig mit den hohen Theilen der Kirche oder sofort nach Vollendung der Kirche begonnen haben, und zwar gieng der Bau von Süden gegen Norden, denn am nördlicheren Raume, im Laienrefektorium, greift in der Fenster- und Säulenbildung schon der Uebergangsstil herein. Unten an der zweiten Lisene, rechts vom Klostereingang, haben wir die sichere Jahreszahl 1201; hinter diese Zeit fällt jedenfalls der Ausbau des Laienrefektoriums; es ist ein kleiner Schritt von ihm hinüber zu den Bauten des ausgesprochenen Uebergangsstils. Die Steinmetzzeichen sind folgende:

An der Westfront des Klosters, am Keller: $\underset{\triangle}{\triangle} \; W \; H \; \Uparrow \; \cup$

am Laienrefektorium: $\Uparrow \; \cup \; \underset{\cup}{\cup} \; \vartheta \; I \; W \; Z$

Nach neuesten Ausgrabungen hat sich nun auch das Erdgeschoß des 1751 abgebrochenen Abtshauses, der späteren Prälatur, das zwischen dem Dorment und dem Herrenhaus lag, als in die romanische Zeit zurückreichend ergeben. Man fand scharf gearbeitete viereckige Pfeiler mit strengen, aus Platte und Schräge zusammengesetzten Kämpferkapitälen.

Die Bauten des Uebergangsstils.

In dem dritten Jahrzehnt bis gegen die Mitte des dreizehnten Jahrhunderts erstehen in Maulbronn (z. Th. an Stelle hölzerner Hilfsbauten) steinerne Gebäude, deren Ausführung längst vorgesehen war, die nun aber im Stil und wohl auch in der Höhenentwicklung eine bedeutende Steigerung erfuhren: das Herrenrefektorium, ein Drittheil des Kreuzganges, die Vorhalle der Kirche, diese ursprünglich nicht vorgesehen, der große Keller, östlich vom Herrenrefektorium, die Grundmauern der Brunnenkapelle wie der Kapelle des Kapitelsaales und noch einige Umfassungsmauern.

Die drei zuerst genannten Bauten, zugleich die bedeutendsten dieser Gruppe, stehen mit einander in genauem stilistischem Zusammenhang und müssen beinahe ganz gleichzeitig mit einander errichtet worden sein; wir beginnen mit der Vorhalle, angebaut an die Schauseite (Westseite) der Kirche, und wie alle diese Vorhallen, das Paradies genannt; es ist vielleicht nicht das älteste der drei Gebäude, aber dasjenige, welches die neue Stilrichtung am entschiedensten zur Geltung bringt.

Die Vorhalle.

Dieselbe mißt außen in der Länge ohne Strebepfeiler 81 bei einer Breite von 29 und einer Höhe von gegen 30 Fuß, innen in der Länge 75 bei einer Breite von 26 und einer Höhe von 25 Fuß, und setzt sich zusammen aus drei quadratischen Rippenkreuzgewölben, die außen an den kräftigen Strebepfeilern ihr Gegengewicht finden. Dazwischen öffnen sich weite, hohe und herrliche Säulenfenster; alles im Einzelnen mit bewunderungswürdigem Schönheitssinne durchgeführt, so daß diese Vorhalle, innen wie außen betrachtet, zum Köstlichsten gehört,

Vorhalle, das Paradies genannt.

was der Uebergangsstil und damit die Baukunst in Deutschland überhaupt hervorgebracht hat. Auch sieht man sich vergeblich nach einem Vorbilde um; der Entwurf ist so frisch als kühn, während die einzelnen Gliederungen und Ornamente genau dem Zuge der Zeit, und zwar dem glänzenden und feinen rheinischen Uebergangsstile, folgen. Neu ist die Bildung der Gewölbe und der Fenster. Die drei quadratischen Rippenkreuzgewölbe haben wagrechte Scheitel und sämmtliche Bögen im Halbkreis; dieß konnte aber nur dadurch erlangt werden, daß man die Kreuzrippen mit ihren Ausgangspunkten bedeutend tiefer herunterreichen und auf nur halb so hohen Säulen ansetzen ließ; man gewann hiedurch sowohl eine große Regelmäßigkeit der Bögen als auch den Eindruck der Kühnheit und Weitheit durch die so tief sich herabneigenden Kreuzrippen (s. auch die Abbildungen). Dazu

das Aufsteigen der prachtvollen, bis zu fünf, sieben, ja bis zu neun zusammen-
gehäuften Säulen. Ebenso überraschend ist die Bildung der Fenster, mit vollem
Bewußtsein von der Gothik, aber noch ganz mit romanischer Kraft in Gliederungen und Maßwerk. Das Bogenfeld, getragen von einer fast überschlanken
Säule, wird erfüllt von einer starken Steinplatte, in die je zwei hohe, unten
offene Kleeblätter ausgemeißelt sind, dazwischen eine ebenso profilirte Rundöffnung.
Die Gliederung geht hauptsächlich in die Tiefe, durchsetzt die Steinplatte ihrer
ganzen Dicke nach, was von schönster und lebhaftester Wirkung sein muß. Leider
wurden bei der letzten Restauration die ursprünglich wagrechten Fensterbänke zu

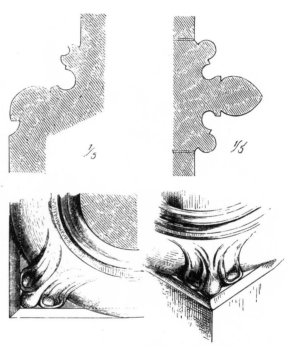

Steinkreuz auf dem Treppenthürmchen
der Vorhalle.

Säulenbasen und Wirtel in der Vorhalle.

beiden Seiten abgeschrägt. Wichtig sind auch die Verhältnisse der Fenster: Höhe
der Fenster im Lichten 15 Fuß, das ist die Hälfte der ganzen Höhe der Fassade
(30 Fuß oder eine Mittelschiffbreite), lichte Weite des Fensters 7½, oder die
Hälfte der lichten Höhe, und wieder die Schafthöhe der nicht viel über einen halben
Fuß dicken Fenstersäulen 10 Fuß, mithin ein Drittheil der Fassadenhöhe. Endlich
ist die lichte Weite des Doppelportals genau gleich seiner lichten Höhe. Dieses
ist einfacher als die Fenster gehalten und zeigt in jedem seiner zwei vollen Bogen-
felder eine kräftige Blätterrosette, ähnlich denen innen an den Schlußsteinen des
Gewölbes. Die fast ungegliederten, anderthalbmal so tiefen als breiten Strebepfeiler
tragen schwere, von lilienförmigem Kamm bekrönte steinerne Satteldächer, stehen
an den Ecken über's Kreuz und zwar so, daß die eigentliche Ecke frei bleibt. Einen
schönen Abschluß bildet das zierliche, mit Konsolen besetzte Kranzgesimse, das sich
um die ganze Vorhalle, wie auch um das Herrenrefektorium und den gegen Norden

schauenden Flügel des Kreuzganges hinzieht. Dieselben Konsolen treten aber auch für sich im Inneren der beiden zuletzt genannten Gebäude sehr häufig auf; an ihren zwei schildförmigen Flächen sind sie fast immer mit zwei von einander abgekehrten Halbmonden geschmückt. Hier drängt sich nun die Vermuthung auf, ob da nicht ein Bezug auf das ebenfalls zwei von einander abgekehrte Halbmonde zeigende Wappen des Magenheim'schen Geschlechtes vorliegt, welches zu dieser Zeit das nahe Zabergäu beherrschte, dessen gewaltige Burgen noch vorhanden sind und dessen

Kapitäle der Vorhalle.

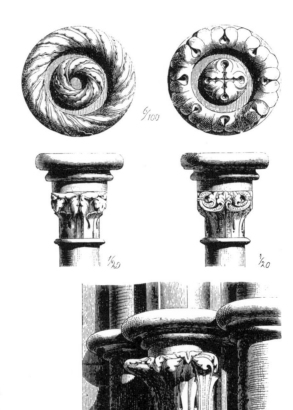

Kapitäle und Schlußsteine der Vorhalle.

sehr alte, inschriftlose, nur mit dem Halbmondschild geschmückte Grabplatten sich noch heute auf dem Michelsberg und im Kreuzgang von Maulbronn erhalten haben. Auch findet sich in einem der zwei Bergfriede der Burg Neipperg im nahen Zabergäu am Treppenaufgang dieselbe Konsole mit den zwei abgekehrten Halbmonden und daneben ist ein steinerner Ring (das Wappen der Neipperg hat 3 solcher Ringe) ausgemeißelt. Das oberste Geschoß eben dieses Thurmes hat prächtige Säulenfenster ganz in der Form des Maulbronner Uebergangsstils.

Das Geschlecht der Magenheim erscheint schon im Jahre 1147 urkundlich und tritt von nun an sehr häufig und bedeutend auf, namentlich zu Beginn des 13. Jahrhunderts; in den Jahren 1207 und 1220 wird genannt Ulrich, als Chorherr zu Speier, im Jahre 1207 ein Siboto, gleichfalls Chorherr zu Speier, im Jahre

1231 Konrad als Zeuge König Heinrichs VII. Näheres f. die amtliche Beschreibung des Oberamts Brackenheim, S. 210. u. ff.

Die Schmalseiten der Vorhalle durchbricht je ein schmäleres und darum spitzbogiges Kleeblattfenster, um dieselbe Höhe zu gewinnen, daneben gegen Norden eine spitzbogige Pforte, gegen Süden eine, gleichwie das Hauptportal, mit geradem Kleeblattsturz, und an der Südostecke erhebt sich ein rechteckiges Thürmchen mit ganz kleinen Rundbogenfensterchen und einer auf den Dachboden der Vorhalle führenden steinernen Wendeltreppe; seinen nach Süden schauenden Giebel krönt ein sehr schönes und großes, auch in den Formen des Uebergangsstils gehaltenes Steinkreuz.

Das Innere der Halle entzückt neben seinen schon oben beschriebenen, reizvollen Gewölbformen durch die Menge seiner herrlich kapitälirten Säulen, über siebenzig auf so engem Raum; alles ist voll Anmuth und Leben, und welcher Abstand gegen die harten, stumpfen, beinahe steifen Formen der drei streng romanischen Rundbogenportale der Rückwand, zugleich die Westwand der Klosterkirche, an welche die stolz aufstrebenden Säulenbündel und Gewölbrippen ohne besondere Umstände hingeklebt sind. Nur sechzig bis siebenzig Jahre liegen dazwischen, und wie sehr hat sich seitdem die Baukunst entfesselt; aus den platten, breit an die Wand gedrückten Wulsten wurden frei vor die Wand gestellte rohrschlanke Säulen, aus den schweren Gewölbgurten von rechteckiger Leibung — halbrunde Rippen, in die zu Seiten schattige Kehlen eingerissen sind und deren Scheitel durch einen zarten Steg wirksam markirt wird. Statt der in sich geschlossenen Würfelknäufe, bescheiden belebt mit Lineamenten oder arabeskenhaftem Blatt, erscheinen hohe Kelche, an denen streng stilisirte Blätter keck und schwungvoll hinaustreten; statt des steilen attischen Fußes mit schweren und scharfen Eckknollen sind jetzt die Füßchen wie gepreßt und aus dehnbarem Stoffe, so daß die Plättchen dünn werden, die Kehlen tief sich einziehen, die großen Rundstäbe birnförmig scharf hinausquellen; die Eckknollen sind verschwunden oder wurden in leicht hingelegte Blätter aufgelöst u. f. w. Die Säulen werden, mit alleiniger Ausnahme der in den Fenstern stehenden, in der Mitte des Schaftes von Wirteln umfaßt, ihre Kapitäle breiten sich nach oben weit hinaus nach der viereckigen, weich und voll gegliederten Deckplatte und sind belebt mit den so schönen, klaren, immer wechselnden Blättern, die an den Enden sich graziös umschlagen oder aufrollen; zuweilen herrscht ein etwas maurischer Schnitt. Die Arbeit ist in großen Linien geführt, nebenher laufen ganz feine, dem Erzstil entnommene, diamanten- und perlenartige Zierden. Die Gewölbrippen sind noch einfach und ungetheilt, bestehen aus einem mächtigen Rundstab, in den zu Seiten je eine halbrunde Kehle gerissen ist und an dessen Scheitel ein feiner Steg hinläuft. Die drei großen Schlußsteine gleichen, wie schon bemerkt, den im Bogenfeld des Portals angebrachten reichen und tief unterschafften Rosetten. An den Gewölben entdeckt man noch Spuren von spätgothischer Bemalung, wovon weiter unten.

Noch ist zu erwähnen, daß das Portal in der Axe der Kirche, aber gerade deßhalb nicht in der der Vorhalle sitzt; wie man leicht an ihrer Schauseite sieht, ist nämlich seine Entfernung vom südlichen Strebepfeiler geringer als die vom nördlichen. Dies erklärt sich dadurch: man hielt den Mittelpfeiler des Portales in der Kirchenaxe fest und begann mit dem Bau im Großen, der Aufrichtung der Mauern und Widerlager für die Gewölbe von Süden aus, weil man hier als genaue Richtlinie die freie, südliche Flucht der Kirche hatte. Nun ist aber jedes der drei Kreuzgewölbe der Vorhalle für eine äußere Länge von 80 Fuß, das ist die Kirchenbreite, auf die sie berechnet war, um einige Zoll zu weit, und so schob sich die Vorhalle etwa um einen Fuß über die Nordflucht der Kirche hinaus; so mußte, weil der Mittelpfeiler des Portals unverrückbar in der Axe der Kirche feststand, dieses dem südlichen Strebepfeiler zu nahe kommen und vom nördlichen zu weit entfernt werden.

Die bauliche Ausführung der Vorhalle ist bewunderungswürdig genau: das Sandsteinquaderwerk, gleich wie an der Kirche, ein graubrauner feinkörniger Keuperwerkstein (Schilfsandstein), ist fein zusammengefügt, aller Zierat so sauber als prächtig ausgeführt; die Gliederungen sind von einer Durchbildung, einer vollendeten Kraft, die Verhältnisse von einer lichtvollen Weite, die Ornamente von einer Schönheit und Wohlvertheilung, daß man unter den so vielen Prachtbauten des Klosters dieses das reinste und schönste von allen nennen muß. Traulich steht es bei den alten Lindenbäumen, deren grüne Zweige fröhlich hereinschauen durch die herrlichen Fenster.

Das Herrenrefektorium.

Als der unmittelbare Uebergang zu diesem Gebäude erscheint die leider abgerissene Klosterküche, die zwischen beiden Refektorien gelegen, gleichzeitig mit dem Laienrefektorium und schon im Hinblick auf das Herrenrefektorium errichtet wurde. Von ihr aus gieng in beiden Refektorien je eine (jetzt vermauerte) Oeffnung zum Hereinbieten der Speisen. Nur die südliche Wand der Küche, zugleich die Umfassungsmauer des Kreuzganges, erhielt sich und wird von geradgestürzter, mit gewaltiger Oberschwelle bedeckter Thüre durchbrochen. Diese Formen, sowie die an den Mauern angebrachten Steinmetzzeichen, gehen ganz mit denen des Laienrefektoriums zusammen. An die Küche stößt nun östlich das Herrenrefektorium, das Refektorium der Mönche (vergl. in Viollet le Duc, Dictionaire raisonné de l'Architecture française, Band I., die Pläne von Clairvaux und namentlich von Citeaux, von dem wir weiter unten eine genaue Nachbildung geben); in Maulbronn selbst heißt es, vom Volk aus „Refectorium" verändert, das „Rebenthal". Es ist wohl noch einige Jahre vor dem Paradiese begonnen, während die im Uebergangsstil gehaltenen Theile des Kreuzgangs jedenfalls nach diesen beiden Gebäuden vollendet wurden (s. unten). An der Westseite des Herrenrefektoriums tritt ein außen rechteckiges Treppenthürmchen hervor und an der Ostseite ein rechteckiger Ausbau, auch mit Resten einer Wendeltreppe, die auf einen gegen den Saal hereingehenden Austritt, dessen steinerne Träger jetzt weggeschlagen sind, führte; von hier herab geschah die tägliche lectio mensae.

Betrachten wir nun zuerst Ausdehnung und Lage des höchst großartig angelegten Gebäudes; seine äußere Länge beträgt 102, die innere 94, seine äußere Breite ohne Strebepfeiler 48, mit Strebepfeilern 56, die innere Breite 40 Fuß (die innere Länge des Refektoriums im Kloster Bebenhausen beträgt 84 bei 42 Fuß innerer Breite). Wie schon oben bemerkt, liegt ferner die Mittelaxe 105 Fuß östlich von der Grundlinie, von der wir für den ganzen Klostercomplex ausgehen müssen, nämlich von der Westfront der Kirche, entfernt. Mit der Südfront liegt es von der südlichen Grundlinie des Klostercomplexes, d. h. von der Südfront des südlichen Seitenschiffes der Kirche 213, mit seiner Nordfront 315 Fuß oder 10½ Mittelschiffbreiten entfernt und ragt somit über die Nordfront des Laienrefektoriums um 15 Fuß oder um eine halbe Mittelschiffbreite hinaus. Seine

Das Herrenrefektorium.

Entfernung von diesem, wie von dem weiter östlich gelegenen großen Keller ist so ziemlich dieselbe, 34—35 Fuß. Die äußere Länge mit 102 Fuß erklärt sich durch die vom Querschiff und Vorrathskeller schon bedingte Weite des quadratischen Kreuzganges, die nicht mehr 135 oder 4½ Mittelschiffbreiten, sondern nur 133 Fuß erreichen konnte, und so wurde durch die Länge von 102 Fuß mit der Nordfront des Sommerrefektoriums in das alte, auf Mittelschiffbreiten gegründete System wieder eingelenkt.

Das Herrenrefektorium, obgleich nur wenige Jahre nach Vollendung des Laienrefektoriums begonnen, zeigt, mit diesem verglichen, schon eine vollkommene Mischung des alten und neuen Stiles, und zwar so, daß der neue bereits das Uebergewicht behauptet. Dort im Laienrefektorium fieng noch die starke Mauer allein den Schub der Gewölberippen auf, hier im Rebenthal stemmen sich an die

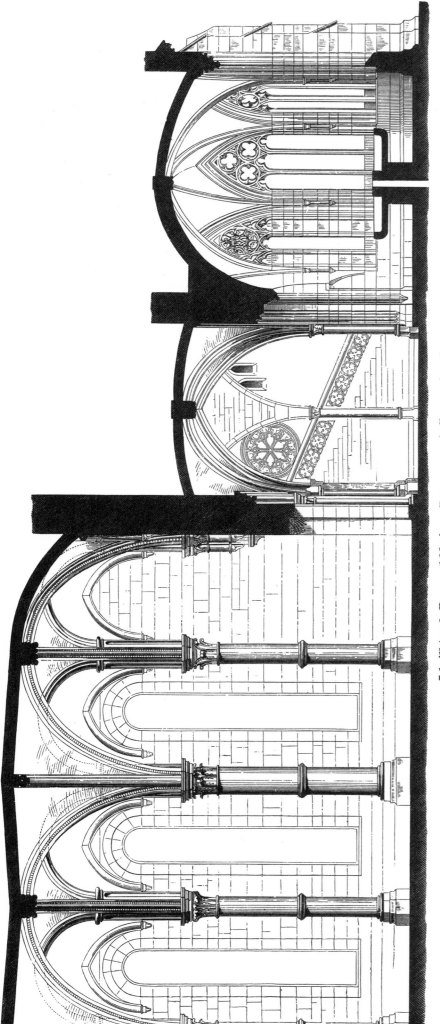

Schnitt durch Herrenrefektorium, Kreuzgang und Brunnenkapelle.

$^1/_{100}$ nat. Größe.

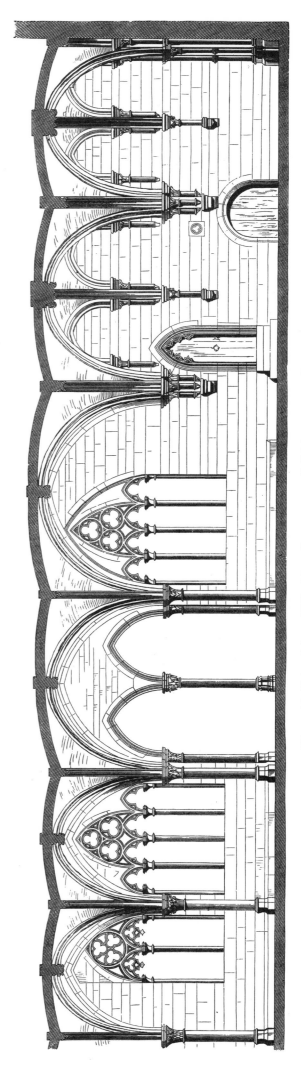

Längenschnitt durch den Oßflügel des Kreuzgangs mit Blick gegen den Kapitelsaal.

$^1/_{100}$ nat. Größe.

auch noch vier Fuß starken Umfassungsmauern massige Strebepfeiler gegen den
Schub der Hauptrippen. Die Verhältnisse sind bereits hochgestreckt, diesem entsprechend die Fenster hochschlank, aber noch rundbogig, und die beiden Steingiebel
noch im rechten Winkel — romanisch. Bei den Säulen kam schon im Laienrefektorium der neue Stil zum Durchbruch, hier geschieht dies nun auch bei den
Gewölben, wenn auch nicht ohne die Baumeister des Saales bei der Deckenbildung
in schwere Verlegenheiten zu verwickeln. In dem 40 Fuß breiten und 94 Fuß
langen Saale stellte man nämlich drei starke Säulen die Mitte entlang als Träger
für die Kreuz- und Querrippen des Gewölbes, aber diese Anordnung, die sich über

dem ganzen Raum in acht rechteckigen Gewölbefeldern vertheilt
hätte, erschien wohl zu kühn; die
Spannungen der im Halbkreis
geführten Kreuzrippen wären zu
weit ohne Unterstützung gesprengt
geworden; man stellte daher
zwischen die drei starken Säulen
je eine schwächere und sprengte
von diesen aus je einen Hilfsgurt
(Centralgurt) durch die Mitte
jedes Kreuzgewölbes gegen die
Wände hin. Es sind dies die um
jene Zeit so sehr beliebten sechstheiligen Gewölbe, die so recht
den Uebergang ins Gothische be-
zeichnen. — Zugleich aber mußte
man die sieben Säulen, der Länge
des Saales nach, unter sich verbinden. Hier herübergeschlagene
Rund- oder Spitzbögen erreichten

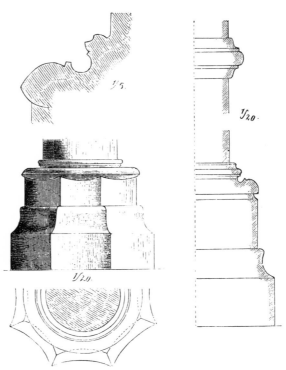

Säulenbasen im Herrenrefektorium.

aber eine so geringe Scheitelhöhe, daß man über ihnen wohl eine starke und ge-
sicherte Widerlagerwand erhielt, aber auch eine Wand, welche den Raum verbaut
und den Eindruck eines frei überdeckten Saales zerstört hätte. Man nahm deßhalb Rundbögen, unterstellte ihnen aber hohe Stelzen in der Form von Halbsäulen,
so daß die Kämpfer derselben 8 Fuß über den Kapitälen der Säulen zu liegen
kamen. Von den drei Hauptsäulen sprengen sich dann hohe spitzbogige Quergurten
gegen die Bündelsäulchen an den Umfassungswänden und zwar so hoch, daß sie
mit den im vollen Halbkreis geführten Kreuzgurten dieselbe Scheitelhöhe gewannen.

Ebenfalls im Spitzbogen wurde der hilfreiche Centralgurt, durch den die Gewölbe sechstheilig werden, geführt, von den Säulenkapitälen aus in überhöhtem
Bogen, an den Umfassungswänden nur bis zur Tangente des Bogens und hier
auf eine Konsole gestellt, so daß seine Kämpferlinie bedeutend höher liegt als die

Deckplatte der Säulenkapitäle (vgl. auch die scharffinnige Abhandlung von H. Leibnitz, die Organisation der Gewölbe im christlichen Kirchenbau). Nimmt man noch die spitzbogigen Schildbögen über den Fenstern, so erhält man vier verschiedene Kämpfer- und drei verschiedene Scheitelhöhen, und mit Recht bemerkt Leibnitz, daß dieser

1/20

Durchschnitt über dem Kapitäl einer schwächeren Säule.

Wandsäulchen im Herrenrefektorium.

Saal, der gewiß unter die schönsten Räumlichkeiten der romanischen Bauweise gehöre, dennoch durch die mühsame Zusammensetzung seiner Gewölbe in der Gesammtentwicklung Noth gelitten habe. Zwar werden mit großer Einsicht alle Mißstände vermieden, alle Vortheile herbeigezogen, die dem Deckenwerke zu Statten kommen konnten. Allein ehe man sich noch Rechenschaft von den Gründen geben kann, fühlt man schon beim Eintritt in die Halle einen gewissen Mangel an Einheit und Ruhe. Wir werden weiter unten an einem Maulbronner Gebäude, im Kapitelsaale, sehen, über welche vollkommene Lösungen in einem ähnlichen Fall die Frühgothik verfügte. Mit dem Bilde der Ueberwölbung ist schon das des ganzen Herrenrefektoriums gegeben. Die Gewölberippen, in der Mitte von den Kapitälen der freien Säulen, an den Wänden von gebündelten Säulchen oder auch von Konsolen ausgehend, umfangen hohe glatt eingeschrägte Rundbogenfenster von sehr edlem Verhältnis; die höchste Höhe der Halle beträgt das Doppelte der lichten Weite der Gewölbe, und die Höhe der Säulen erreicht die Lichthöhe der Fenster.

Auch die Profilirung der verschiedenen Gewölberippen ist unter sich abgestuft und vielfach zusammengesetzt; am einfachsten sind die hochgestelzten halbrunden Bögen, die sich von Säule zu Säule schlagen, gegliedert; es sind entsprechend den Gewölberippen des Paradieses reine Halbsäulen, in welche aber zu Seiten halbrunde Kehlen eingerissen sind. Dieselbe Form haben die großen Querrippen.

Unsere Abbildung gibt den Durchschnitt über dem Kapitäl einer schwächeren Säule und hiebei die schon reichere Form der Unterstützungsrippen (die Kreuzrippen sind ebenso); zwischen den drei im Dreieck vortretenden Rundstäben laufen prächtige Diamantenreihen. Die Schlußsteine bestehen aus kraftvollen Blätterkränzen, ganz ähnlich denen in der Vorhalle. Die Kapitäle der vielen Wandsäulchen haben nicht den Gedankenreichthum der an der Vorhalle und im Kreuzgang, sondern immer denselben an maurischen Schnitt erinnernden Blattschmuck. Dieser erstreckt sich auch auf einige der sehr schön gearbeiteten Kapitäle der Freisäulen, die ganz ähnlich denen im Laienrefektorium; sonst erscheinen an ihnen sehr edle umgeschlagene oder sich aufrollende Blätter. Die scharf gegliederten Deckplatten, sowie die Sockel der schwächeren Säulen haben schon die Achteckform. Die Füßchen (an den großen Säulen einst mit Eckblättern) und Wirtel sind wenig ausdrucksvoll. An den Wänden und am Eingang zu dem östlichen Ausbau zeigen sich wieder jene Halbmondkonsolen. Unsere besondere Aufmerksamkeit nimmt sodann die Konsole in Anspruch, die sich gerade über dem Eingang befindet, an ihrer Deckplatte stehen nämlich folgende Buchstaben, vielleicht die Anfangsbuchstaben eines Spruches, oder der Namen Derjenigen, die am Bau thätig waren. Ferner ist die untere Platte

Inschrift im Herrenrefektorium.

der Konsole ganz bedeckt mit einem flach eingemeißelten Muster solcher maurischer Blätter. Gegen den Kreuzgang wird das Portal von zwei schön kapitälirten Säulen gesäumt und in seinem halbrunden Bogenfeld wieder mit einer großen Blätterrosette geschmückt. Nach außen tritt das Herrenrefektorium als ernste, ruhige, in wohlthuenden Verhältnissen erbaute Masse vor, durchbrochen von den hohen Rundbogenfenstern und von dem schönen Halbmondkonsolengesimse bekrönt. Auf den rechteckigen Giebeln sitzen Steinkreuze, und die Längenmauern werden gestützt von kräftigen, schlicht gehaltenen Strebepfeilern, die an den Nordecken, die Flucht der glatten Nordwand verbreiternd, hinaus treten.

Mindestens gleichzeitig mit dem Refektorium geschah, wie dies schon die Ordensregel vorschrieb, die Anlage des großen runden Brunnens, der noch jetzt an seinem ursprünglichen Platz in der neunseitigen gothischen Brunnenkapelle steht, die genau in der Axe des Refektoriums vom nördlichen Flügel des Kreuzganges in den Kreuzgarten hinaustritt. Aber auch die Mauern der Kapelle stammen bis zu drei Fuß Höhe aus der Zeit des Herrenrefektoriums; sie sind im Kreis geführt (auch der Eingang in die Kapelle ist rundbogig), und mit großer Kunst ist später das Neuneck daraufgesetzt. Außerdem finden sich an dieser Grundmauer Steinmetzzeichen, die ganz entschieden der Uebergangszeit angehören und von den übrigen (gothischen) der im besten gothischen Stil aufgeführten Kapelle abweichen. Der Brunnen mit drei Schalen übereinander stammt in seinen Theilen aus verschiedener Zeit; ursprünglich ist die untere Sandsteinschale, jünger sodann, frühgothisch ist die kuppelthurmartige bleierne Bekrönung; die oberste Schale ist von Bronze und spätgothisch. Der Durchmesser der unteren kolossalen, aus einem Sandstein gearbeiteten Brunnenschale beträgt 10½ Fuß, die Hälfte des Durchmessers der Kapelle, und diese hat somit 1 Fuß mehr als die halbe Breite des Refektoriums zur Weite. Die oberen Theile des Brunnens sah man früher vor dem ehemaligen Herrenhause, nur die koloſſale unterſte Schale ſtand einſam und verſiegt in der Brunnenkapelle, die ſich ſo zierlich wölbt und in ihrer zarten Schönheit und heiteren Helligkeit einen wunderſamen Gegenſatz bildet zu dem in herber Schwere ſich aufbauenden, dämmerig beleuchteten Rebenthal. — Jetzt iſt Alles wieder hergeſtellt (ſ. u.).

Der Kreuzgang. Südflügel.

Der Kreuzgang.

Zwiſchen Kirche und Herrenrefektorium gelegen, der eigentliche Circulations-raum der ganzen Kloſteranlage, von dem aus nach allen vier Seiten hin ſich Ein-gänge in die verſchiedenen Räume öffnen; er würde, wenn nicht in ſeinem öſt-lichen Flügel Abweichungen vom rechten Winkel ſtattgefunden hätten, genau ein Quadrat, von je 133 Fuß Seitenlänge, bilden; nun iſt aber ſein am Herren-refektorium hinlaufender Flügel (Nordflügel) 3 Fuß länger. Dies rührt daher, weil der nördliche Querschiffarm in einem stumpfen Winkel an das nördliche Seitenschiff anstößt, man verlängerte beim (späteren) Bau des Kreuzgangs diese Flucht des Querschiffes und kam auf diese Weise schließlich um 3 Fuß zu weit östlich. Hieraus erklären sich auch die verschiedenartigen Unregelmäßigkeiten der Gewölbebildung in der Nordostecke des Kreuzgangs. — Ein Blick auf den Grundriß zeigt sofort die Verbreitung des Uebergangsstils über die einzelnen

Säulenkapitäle im Herrenrefektorium.   Wandsäulchen und Konsolen im Südflügel des Kreuzganges.

Arme des Kreuzgangs. Der Südflügel wird ganz von ihm eingenommen, deßgleichen je das nächste daran stoßende Joch des West- und Ostflügels, ferner die Rückwand des Nordflügels, zugleich die Umfassungsmauer des Herrenrefektoriums etc. Auch sieht man sogleich, daß die Anlage des Südflügels im genauesten Zusammenhang steht mit der jener Wandpfeiler an der Rückwand des Nordflügels: es sind ganz dieselben Axenweiten, während die Bildung jener Wandpfeiler wohl auch den Uebergangsstil verräth, aber sehr abweicht von denen des Südflügels. Für ihn war ursprünglich entweder ein anderes Dach, ein Satteldach, oder was viel wahrscheinlicher ist, keine so bedeutende Höhe beabsichtigt. Die Wand des nördlichen Seitenschiffes ist nämlich ganz glatt (ohne Vorsprünge, Dienste etc.), aber 7 Fuß unter ihrer (jetzt auch verdeckten) Traufe zieht sich ein steinernes Schußgesimse hin, über dem sich verschieden gestaltete, meist rundbogige und 3½ Fuß im Licht hohe Fensteröffnungen aufthun; sie werden aber vollständig bedeckt und verdunkelt durch das jetzige mit dem Dach des Seitenschiffes in einer Fläche liegende Pultdach.

Der Südflügel (der Standpunkt ist immer im Kreuzgarten genommen) entfaltet alle Herrlichkeit der Baukunst damaliger Zeit. Seine Dimensionen sind

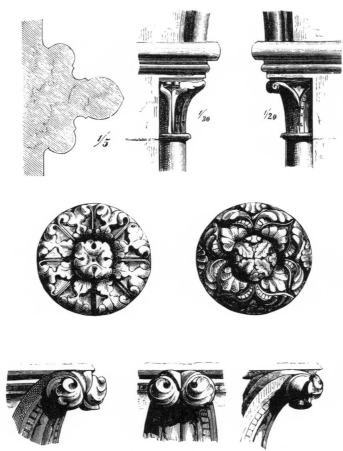

Kapitäle und Schlußsteine im Südflügel des Kreuzganges.

mäßig, äußere Höhe 20,5 Fuß bei 95—96 Fuß Länge; innen bei 133 Fuß Länge 15½ Fuß Breite und gegen 22 Fuß Höhe, bis zu den Schlußsteinen 20,5 Fuß. Er theilt sich in acht etwas längere als breitere Joche. Im Innern tragen an der Umfassungswand je fünf, an den Ecken je sieben, schlanke und scharfgewirtelte Säulen die voll und lebhaft profilirten sechstheiligen Rippenkreuzgewölbe; an der Kirchenwand gehen die Säulen nicht bis auf den Boden, sondern ihre sehr kurzen Schäfte sind unten mit einem Ring umgeben und einfach zugestutzt, theils auch mit Füßchen versehen, die wieder von jenen oben besprochenen Halbmondkosolen getragen werden; und alles dieß ist an die glatte Mauer des nördlichen Seitenschiffes angesetzt. An den sechstheiligen Gewölben sind die Kreuzrippen im Halbkreis, die Quer- und die Hilfsrippen im Spitzbogen geführt, die Kreuz- und die

Hilfsrippen mit dreieckiger, die Querrippen mit rechteckiger, breiter, auch von Rundstäben gesäumter Leibung.

Im Vergleich mit denen der Vorhalle wurden sie bedeutend reicher, im Vergleich mit denen des Herrenrefektoriums bedeutend zarter und nobler gebildet; auch die Schlußsteine zeigen z. Th. eine beträchtliche Verfeinerung, ein Fortschreiten zu der eigentlichen gothischen Verzierungsweise. Alles ein Beweis, daß dieser südliche Kreuzgangsflügel das jüngste Glied jener drei Uebergangsbauten ist.

Die Säulenfüßchen (in der Südwestecke noch mit dem Eckblatt) haben ganz den schönen, elastischen Umriß, die Kapitäle ganz die erstaunliche Abwechselung und den genialen Gedankenreichthum derer an der Vorhalle. Man betrachte noch

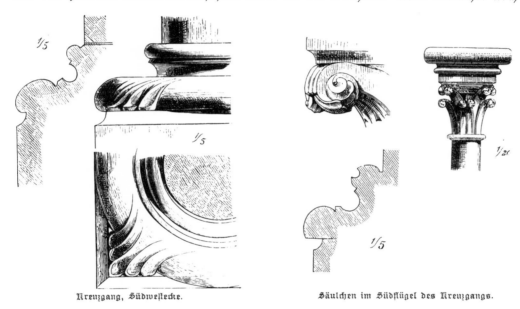

Kreuzgang, Südwestecke.   Säulchen im Südflügel des Kreuzgangs.

besonders die außerordentliche Durchbildung jener Knospen, in welche die einzelnen Blätter sich aufrollen.

Unvergeßlich ist der Eindruck, wenn man aus dem nördlichen Seitenschiff der Kirche hinaustritt und in diesen Kreuzgangsflügel hinabblickt. Die Menge, es sind über anderthalbhundert, der edlen, schlanken, mit den herrlichsten Blumenknäufen versehenen Säulen, über denen so rein und stolz die starken sechstheiligen Rippengewölbe aufsteigen und in prächtigen Blätterkränzen sich zusammenschließen; dazu das mild und reich aus den hohen Fensterbögen einströmende Licht. Auch das Aeußere dieses Kreuzgangsflügels ist von hoher und eigenartiger Schönheit. Die Wand zwischen den ganz wie am Paradies gehaltenen, etwas derben Strebepfeilern ist vollständig aufgelöst in je zwei, von gewirtelten Säulchen umrahmte Bogenfenster, die Bögen sind kaum zugespitzt; oben läuft wieder das Kranzgesims mit den Halbmondkonsolen; die lichte Höhe der Fenster beträgt $\frac{2}{3}$ der Gesammthöhe der 20 Fuß hohen, in schönen Verhältnissen aufgeführten Fassade, die Tiefe der Strebepfeiler das Doppelte ihrer Breite.

In dem an die Kirche angebauten Kreuzgangsflügel wurde jeden Abend vor dem Schlußgottesdienst die sog. geistliche Lesung (lectio) abgehalten, d. h. es wurde unter dem Vorsitz des Abts ein entsprechender Abschnitt aus einem Werke erbaulichen Inhalts vorgetragen. Von diesen Vorlesungen erhielt die Halle den Namen „Lesegang". Für die Zuhörer waren auf beiden Seiten des Ganges Sitzbänke von Stein oder auch von Holz angebracht und weil die bis zum Boden herablaufenden Halbsäulen den freien Gebrauch der Sitzbänke gehindert haben würden, traten an ihre Stelle die Konsolen, wie wir es in Maulbronn an der Außenwand der Kirche sehen. — In den Kreuzgangshallen fanden ferner die Fußwaschungen statt, welche die Mönche jeden Sonnabend an sich, jeden Gründonnerstag an den Armen vorzunehmen hatten. Es lag nahe, den mit Bänken versehenen Lesegang dafür zu benutzen; so finden sich eben im Südflügel des Maulbronner Kreuzgangs in den Fensterbänken zwei Ausgußsteine; zwei schön gearbeitete konsolenartige Ausgußsteine erhielten sich im Bebenhauser Kreuzgang, ebenso im Kreuzgang des österreichischen Cisterzienserklosters Zwettl (vergl. Tscherning, a. d. a. O.).

Wie schon gesagt, setzen sich die lebhaften und flüssigen Uebergangsformen des Südflügels am Ost- und Westflügel je mit einem Gewölbejoch fort, nur haben

Blattaufrollung.

die Oeffnungen an der Westseite Kleeblattfüllungen und Säulen anstatt der Fenstergewände. Doch ein Strebepfeiler und der Anfang eines neuen Bogens, sowie ein urthümlicher Wasserspeier, der einzige am ganzen Kreuzgang, dann wird die Wand des Westflügels um etwas schmäler und eine ganz andere, 40—50 Jahre jüngere Formenbehandlung tritt ein; und ähnlich ist es im Ostflügel. Im Nordflügel dagegen mahnen die Wandpfeiler mit ihren Säulchen in den Ecken noch ganz an die Uebergangszeit, aber die Formen sind viel eintöniger und schwerer; — die Gewölbe und die am Kreuzgarten hinziehende Umfassungsmauer stammen dagegen aus gothischer Zeit.

Die Steinmetzzeichen an den oben beschriebenen Gebäuden sind folgende:

An der Vorhalle (Paradies): ⊥ ⅄ + ⋀ D⅃ ⅄⅄ ⊂ Z K

Am Herrenrefektorium:

An der Brunnenkapelle unten:

Am Südflügel des Kreuzgangs:

Der große Keller.

Dreimal treten, wie ein Blick auf den Grundriß zeigt, aus dem Klostercomplex gegen Norden mächtige, langgestreckte Gebäude hinaus; von Westen an gerechnet, zuerst das Laienrefektorium, dann das Herrenrefektorium und endlich der große Keller der Mönche, jenes um 15, dieser um 40 Fuß weiter gegen Norden, als das Laienrefektorium, so daß die nördliche Flucht dieses großen Kellers 180 Fuß nördlich von der Axe des Klosterdurchganges, 200 Fuß nördlich von der Axe des Kapitelsaales und 300 Fuß nördlich von der Axe der Kirche abliegt; — mit ihm erreicht der Klostercomplex seine größte Breite, nämlich von der Nordflucht des Kellers bis an die Südflucht des südlichen Querschiffes die Breite von 365 Fuß.

Die äußere Länge des Gebäudes beträgt 90, die Breite 60 Fuß; sein erstes Geschoß, mit der Nordwand jetzt tief im Schutte stehend, bildet die weit gewölbten Kellerräume, im zweiten Geschoß befand sich ein Theil der Wohnungen der Mönche, die

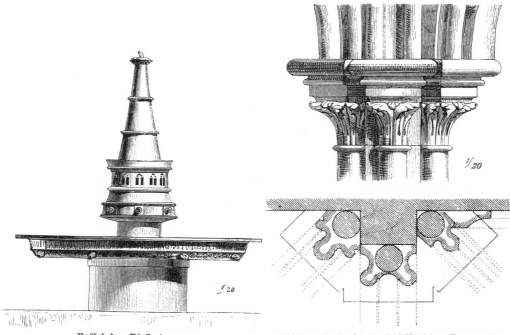

Aufsatz des Klosterbrunnens.   Säulchen und Gurten im Westflügel des Kreuzgangs.

sich bis an das Querschiff fortsetzten. — Von diesem zweiten Stockwerk wird im Abschnitt über die Bauten gothischen Stils weiter die Rede sein; das erste Geschoß gehört aber ganz entschieden dem Uebergangsstil, und zwar dem allerfrühesten an und ist etwa gleichzeitig mit dem Ausbau des Laienrefektoriums. Auch in ihm dominirt eine mächtige, gewölbte, in der Mitte von 4 Säulen durchstellte Halle, die sich leider nur gegen Südosten vollständig erhalten hat, und die bei der großen Breite des Gebäudes nicht dessen ganze Breite, sondern nur die von 34 Fuß einnimmt. Kurze gedrungene Freisäulen tragen die gurtenlosen Kreuzgewölbe, die durch gewaltige, aus schönen Quadersteinen zusammengefügte Halbrundbögen von einander getrennt werden; nur der Scheidebogen des südlichsten schmäleren Theiles ist spitzbogig; an den Wänden ruhen diese Bögen sammt den dazwischen gespannten Gewölben auf breiten Lisenen und derben, höchst einfachen Tragsteinen. Von den

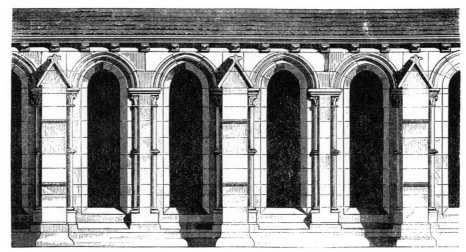

Südlicher Kreuzgangsflügel. ¹/₁₀₀.

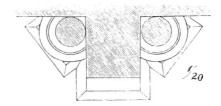

¹/₂₀

Wandsäulchen in der Kapelle des Kapitelsaales.

Wandsäulchen im nördlichen Kreuzgangsflügel.

beiden noch erhaltenen Säulen, die übrigen sind vollständig ummantelt, ist die gegen Südosten stehende am sorgfältigsten ausgeführt; sie trägt ein niedriges Kelchkapitäl, umhüllt mit schlicht aneinander gereihten Palmblättern, in den Zwickeln je eine Beere, was zusammen mit der kräftig gegliederten Deckplatte gar lebendig wirkt. Der andere Säulenstamm trägt statt des Kelches eine steile, je in der Mitte senkrecht gegürtete Wulstung. Die nach oben verjüngten Schäfte der im Ganzen über 6½ Fuß hohen Säulen ruhen auf wohlgebildeten attischen Basen mit achteckiger Unterplatte.

Die Außenmauer der zwischen dem Herrenrefektorium und dem großen Keller liegenden Räume zeigt ebenfalls den Uebergangsstil, dann die vom Keller aus in der östlichen Flucht des Querschiffes gegen Süden bis an's Parlatorium

Südostecke des Kreuzgangs.

hin ziehende Umfassungsmauer; zwei ihrer schlanken Rundbogenfenster sind noch wohl erhalten, die beiden andern in geradgestürzte gothische Fenster erweitert. Die hier zahlreich angebrachten Steinmetzzeichen sind folgende:

$$\mathsf{I} \; \triangle \; \mathsf{V} \; \mathsf{Z} \; + \; \top \; \mathsf{Z} \; \overline{\mathsf{A}} \; \oslash \; \mathsf{L} \; \mathsf{I} \; \mathsf{P} \; \mathsf{R} \; \mathsf{I} \; \ddagger$$

Noch mehr gegen Süden tritt noch einmal der Uebergangsstil hervor an dem niedrigen gruftartigen Erdgeschoß der östlich aus dem Kapitelsaal heraustretenden Kapelle; die zwei breiten, in flachem Bogen geführten Gurten, so die gerade steinerne Decke dieses Erdgeschosses tragen, sind mit Rundstäben und Diamanten gesäumt, die kleinen, je aus einem Stein geschafften Fensterchen rundbogig. Die Kapelle ist im Aufbau, gleich wie der ganze Kapitelsaal, entschieden gothisch und leitet hinüber in die Reihe der Bauten dieses Stils.

Kapitelsaal.

Die Bauten des gothischen Stils.

Kapitelsaal, Kreuzgang, Brunnenkapelle u. s. w.

Glänzend eröffnet ihre Reihe der Kapitelsaal, der, vom nördlichen Querschiffarm durch ein schmales Gemach getrennt, östlich vom östlichen Kreuzgangsflügel sich ausdehnt, in einer Länge von 14,3 m und einer Breite von 8,4 m. Ursprünglich (s. den Grundriß) muß seine Länge bedeutender gewesen sein, betrug das
Doppelte seiner Breite, 58 auf 29 Fuß; ¼ des südlichsten Sterngewölbes ist jetzt
durch eine starke Mauer abgeschnitten, und zwar stammt diese schon aus gothischer

Zeit, wie die hier angemalten, fast vergangenen lateinischen Verse beweisen. Zwischen dem Kapitelsaal und der Kirche entstand ein etwa 10 Fuß breiter, mit einem Tonnengewölbe übersprengter Raum, von dem aus ein sehr schönes frühgothisches Fenster nach Osten und ein sehr schön umzacktes frühgothisches Pförtchen in den Kreuzgang führt, und der, gleichwie in Bebenhausen, als Sakristei zu betrachten ist.

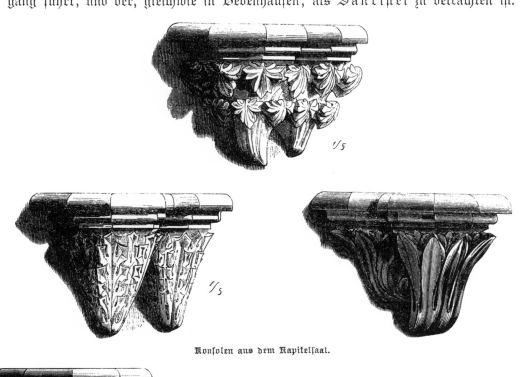

Konsolen aus dem Kapitelsaal.

Kapitäl und Konsolen aus dem Kapitelsaal.

(Vgl. hiezu Viollet le Duc, Dictionaire raisonné de l'Architecture française, Bd. I., Plan des Klosters Clairvaux, und die trefflichen Mittheilungen aus der Geschichte des Klosters Bebenhausen von Forstrath Dr. F. A. v. Tscherning in Bebenhausen im Württemb. Staatsanzeiger, 1877, besondere Beilage Nr. 12, Nachträge im Jahrgang 1881, Nr. 16 und 17). Von der Sakristei aus gelangte man nicht sofort, sondern über den Kreuzgang in den anstoßenden nördlichen Querschiffarm der Kirche, in den vom Kreuzgang her ein weiter niederer rundbogiger Durchgang unter der großen von der Kirche in das Dormitorium führenden steinernen Treppe hindurch geht (s. den

Grundriß). Zugleich wird der Raum auch als Aufbewahrungsort für die Bücher, welche die Mönche im Kreuzgange lasen, gedient haben. Ursprünglich bestand zwischen Kirche und Kapitelsaal ein schmaler Durchgang.

Drei schöne, schlanke Rundsäulen stehen den Kapitelsaal entlang und breiten von sich aus prächtige Sterngewölbe, die in Schlußsteinen mit reichen Blattkränzen zusammenstrahlen, an den Wänden auf ähnlich reiche Konsolen sich herab senken, während um die Freisäulen selbst statt des Kapitäls ein Kranz von glatten Kon-

Schlußsteine aus dem Kapitelsaal.

solchen sich reiht. Nach dem Kreuzgang öffnen sich ein Doppelportal und drei Fenster-arkaden, gegen Osten zwei Spitzbogenfenster und an der Südostecke baut sich die so zierliche, vieleckige, von 5 Spitzbogenfenstern erleuchtete Johanniskapelle hinaus. Das Maßwerk der Ostfenster besteht aus Drei- und Vierblättern ohne umfassende Kreise, das der herrlichen nach dem Kreuzgang gerichteten Arkadenfenster setzt sich aus solchen Umfassungskreisen zusammen und ruht, mit Vermeidung alles Pfosten-werks, auf zierlichen Rundsäulen. Die Gliederungen sind, abweichend von denen des Uebergangsstils, einfach und fast herb; reichstes und edelstes Leben aber ent-faltet sich an Kapitälen, Konsolen und Schlußsteinen, mit ihren, dem natürlichen Laubwerk der Eiche, Rebe, Rose, des Ahorn- und Platanenbaums, des Epheu's,

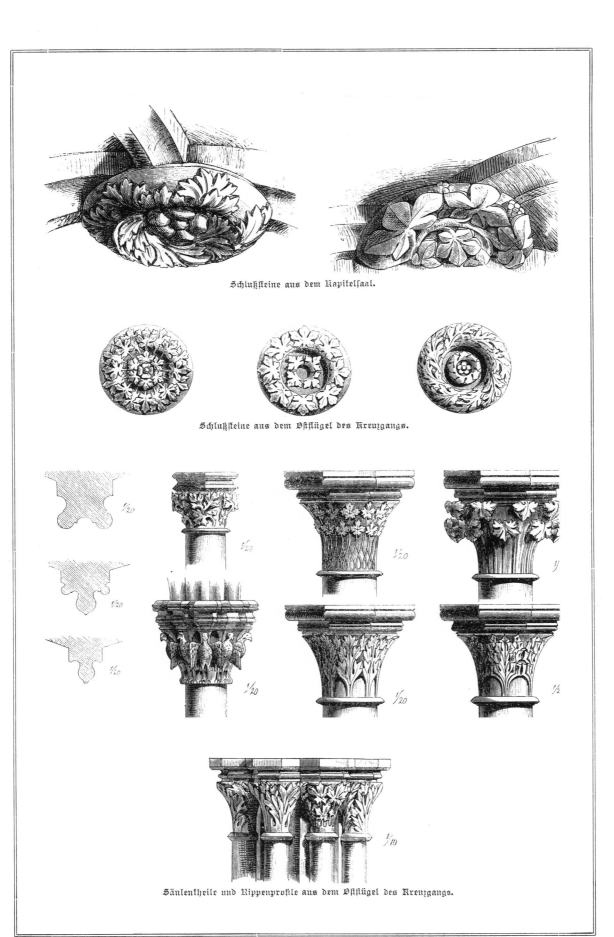

Schlußsteine aus dem Kapitelsaal.

Schlußsteine aus dem Ostflügel des Kreuzgangs.

Säulentheile und Rippenprofile aus dem Ostflügel des Kreuzgangs.

des Klee's, der Erdbeere, der Zaunrübe u. s. f. abgesehenen Formen. An den Schlußsteinen blicken aus den Laubwerkskränzen die vier Evangelistensymbole, ein Wächter, der in das Horn stößt, u. s. w. Um einige der Kapitäle sitzen Vögel.

1/20.

1/20.

Bogenfeld der in das Parlatorium führenden Pforte.

Säulchen von der Treppe.

1/20.

Bogenfeld an der Treppe.

Unsere Abbildungen suchen eine Ahnung zu geben von der unerschöpflichen Fülle und Schönheit dieser Zierkunst, die sich im Ostflügel des Kreuzgangs fortsetzt an Schlußsteinen und Säulenkapitälen; das Blattwerk ist oft wie ein Geflecht über die Kelchformen hergekreuzt, oder es umkränzt sie in tiefunterschafftem schattigem Gelock. Die Rippen der Kreuzgewölbe dieses Ostflügels ruhen auf starken Rund-

Oeſtlicher Kreuzgang, Blick nach der Treppe.

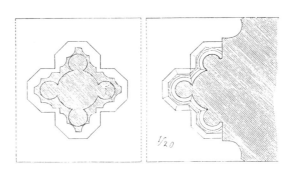

Schlußſteine im Weſtflügel des Kreuzgangs.　　　Details von den Fenſtern im Weſtflügel des Kreuzgangs.

säulen; die Kapitäle der an der Rückwand stehenden sind alle von Laubwerk umflochten, die derjenigen an der Fensterwand haben Konsölchen, ähnlich denen im
Kapitelsaal. Die Vollendung dieses Flügels scheint tief hinein ins 14. Jahrhundert
zu reichen. Nahe der Nordostecke erhebt sich eine von 8 Diensten umstellte, die
Gewölberippen tragende Säule ganz frei und gerade vor einem der ziemlich einfach
behandelten dreitheiligen Fenster (f. Grundr.). Auf einem der Schlußsteine ist der
alterthümlich strenge, thronende Christus mit dem Evangelienbuch und segnend er-
hobener Rechten ausgemeißelt. — Sämmtliche Fenster des Kreuzganges haben,
mit Ausnahme des Westflügels, Fälze für Glasscheiben.

Dieselbe Zeit und dieselbe treffliche Durchführung verräth auch die vom Kreuzgang ins Parlatorium führende Durchgangshalle, überdeckt von zwei schönen
Rippenkreuzgewölben, die auf prächtig kapitälirten, an die Wand gestellten Säulen

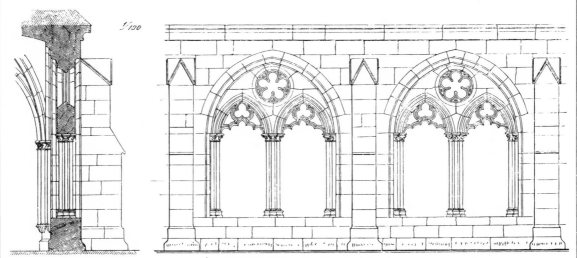

Fenster im Westflügel des Kreuzgangs.

ruhen. Am Eingangsportal im Spitzbogenfeld interessantes frühgothisches Maßwerk, am Ausgangsportal, gegen das Palatorium hin, hocherhoben und streng, das
Lamm Gottes. Gleichen Stil zeigt auch die von der Nordostecke des Kreuzgangs
(in zwei Armen) einst nach dem Dormitorium hinaufführende, unten reichgeländerte
Steintreppe, schön überspannt mit Rippenkreuzgewölben auf Säulen und Konsolen. Der gegen Norden ziehende Ast führt durch eine Thüre mit einem Christus
im Bogenfeld. Drei Rosetten durchbrechen hier in glänzender Pracht die Flächen
der Mauer, wie überhaupt diese Ecke höchst malerisch wirkt.

Der westliche Kreuzgangsflügel hält ebenso den frühgothischen Stil
fest, aber seine Formen sind anders, als die des Kapitelsaales, alterthümlich schwerer
im Großen und doch wieder flüssiger, fortgeschrittener in Gliederung und Zierat.
Er wird bedeckt von einfachen Rippenkreuzgewölben mit reichen birnförmigen Rippen
und mit Blätterkränzen auf den Schlußsteinen. Die Doppelfenster des im Uebergangsstil erbauten Südflügels wurden beibehalten, aber nun die beiden Fenster

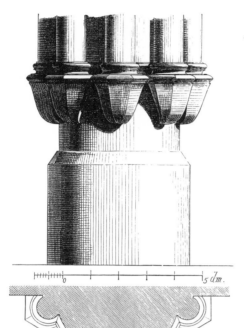

Konsole im Westflügel des Kreuzgangs.

Halbsäule im Westflügel des Kreuzgangs.
(Grund- und Aufriß.)

Konsole im Westflügel des Kreuzgangs.
(Prior Walther.)

Konsole im Westflügel des Kreuzgangs.

Konsole im Westflügel des Kreuzgangs.

von einem großen etwas gedrückten Spitzbogen umfaßt und durch eine starke Mittelsäule verbunden, um die sich vier Dreiviertelsäulchen stellen.

Die beiden Spitzbögen enthalten dünnes durchsichtiges Maßwerk, wogegen die Wand zwischen ihnen und dem Umfassungsbogen voll bleibt und nur in der Mitte von großer Fünfblattrosette durchbrochen wird; das Ganze von prächtiger Wirkung. Die Rippen der Gewölbe ruhen an der Fensterwand auf Dreiviertelsäulen, die je mit fünf Säulen umstellt sind, an der Rückwand aber auf reich skulpirten breiten Konsolen von der Form einer Viertelskugel. Die erste, von Süden

Konsole im Westflügel des Kreuzgangs.
(Rosen-Schöphelin.)

Säulenkapitäle im Westflügel des Kreuzgangs.

gerechnet, zeigt ein herrliches Netz einer Schotenpflanze, woran Vögel picken; an dem nächsten hebt sich aus schönem Wasserlaub das ausdrucksvolle Brustbild eines Priors und oben umher steht in gothischen Majuskeln:

HIE SOL MIT REHTER ANDAHT
DES PRIOLES WALTHER WERDEN GEDAHT
WAN ER HAT DISEN BU VOLLEBRAHT.
VALETE IN DOMINO.

Die dritte Konsole stellt einen Löwen im Kampf mit einem Ungethüm vor und die vierte ein auch aus Wasserlaub sich hebendes Brustbild; über ihm sieht man drei Rosen ausgemeißelt und liest:

E
ROSEN SCHOPHELIN.

Die fünfte Konsole hat schönes Laubwerk mit großem Widderkopf.

60

Um die glockenförmigen Kapitäle der Säulen sind die der Natur entnommenen Blätter, Blumen, Früchte, Vögel u. s. w. nur lose hingeklebt, so daß die Kernform des Knaufes hindurchscheint. Man erblickt Eichen- und Buchenlaub, Röschen, Disteln, Kleeblätter, Weinlaub, Immergrünblüthe, Sumpfpflanzen, dann ein nacktes Mönchlein, Trauben essend und auf einer Traube reitend. Ueber dem Kapitäl des dritten Fensters steht in der Umrahmung eingehauen GOTSCHLAG, daneben war

Säulenkapitäle im Westflügel des Kreuzgangs.

Säulenkapitäle im Westflügel des Kreuzgangs.

Kapitäl eines Säulchens im Westflügel
des Kreuzgangs.

Laubwerk aus dem Westflügel des Kreuzgangs.

ein (jetzt abgeschlagenes) Männlein. Die Gliederungen sind an diesem Theile des Kreuzganges von hoher Vollendung, von edelster Kraft; kahler schon an manchem Kapitäl die Blätterumhüllungen.

Ein Prior Walther kommt in einer Urkunde im Württembergischen Staatsarchiv vom 21. Februar 1303 vor und es ist anzunehmen, daß dieser mit Hilfe von Rosen-Schöphelin und Gotschlag den Westflügel gebaut hat.

Der nördliche, an dem gegen Süden die schöne neunseitige Brunnenkapelle heraustritt, ist, wie schon oben bemerkt wurde, an der Rückwand gleichzeitig mit dem im Uebergangsstil gehaltenen Südflügel, dagegen hat die Fensterwand ganz das Gepräge des 14. Jahrhunderts; meist einfach kapitälirte Rundsäulen tragen an ihr die Birnstabrippen der Kreuzgewölbe, an deren Schlußsteinen Masken und Thiere aus Blattkränzen ragen. Die weiten viertheiligen, z. Th. erneuerten Fenster haben an ihren mit Rundstäben besetzten Pfosten die Kapitäle abgeworfen und verzweigen sich in prächtigen Maßwerken. Zu ganz außerordentlicher Zierlichkeit und Anmuth aber steigert sich die Gothik an der im Aufbau neunseitigen Brunnenkapelle, die von neunrippiger Sterngewölbekuppel übersprengt wird; auf dem großen Schlußstein ein Adler. Die sehr spitzen Fenster haben zartgegliedertes Maßwerk, der weite halbrunde vom Kreuzgang her führende Eingang nimmt zwei Seiten des Neunecks ein und ist mit seinen Backen gezahnt und der ganze Bau bildet eine gar luftige, das vollste Tageslicht einströmen lassende Rundhalle. Die Gewölbe sind schon halb im Renaissancegeschmack bemalt mit lebhaftem und fröhlichem Geranke mit Putten, und außen um den Schlußstein umher steht: Anno domini MDXI foderunt in torrente, repererunt aquam vivam. Gen. XXVI.

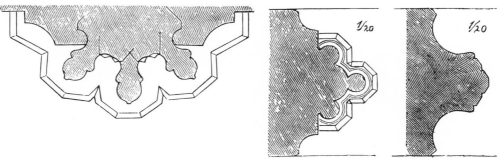

Profile vom Westflügel des Kreuzgangs.

Aber ältere gothische Malerei, goldene Sterne auf blauem Grunde, schimmert hindurch; — und seit Sommer 1878 ist der dreischalige Brunnen wieder hergestellt, mit Quellwasser versehen und erfüllt mit seinem lieblichen Geräusche die tiefe Stille des Kreuzgangs.

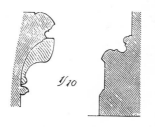

Profile vom Westflügel des Kreuzgangs.

Wohl schon aus romanischer Zeit erhielten sich jene zwei unteren höchst einfachen Schalen, eine $10^{1/2}$, die andere 7 w. Fuß im Durchmesser haltend, und zwar sind beide aus dem sehr harten, keine Moose noch Flechten ansetzenden, das Wasser krystallhell erhaltenden Schwarzwaldsandstein (Buntsandstein), der sonst nirgends im Kloster zur Verwendung kam, gearbeitet.

Doch wurde bei der Restauration die zweite Schale, die vielleicht niemals an diesem Brunnen in Verwendung gewesen ist, bei Seite gestellt und durch eine feinere ersetzt, um einen besseren Uebergang zu der zierlich und flach gehaltenen obersten Schale zu erreichen. Diese stammt aus spätgothischer Zeit und ist in schönem Bronzeguß ausgeführt mit folgender Umschrift in gothischen Minuskeln:

Lieber Herr und ewiger God, wir loben Dich
und danken Dir umb alles des Gudes, das Du uns armen Meinsen dusth
und noch dun solt. Amen.

Zwischen den einzelnen Worten sind abwechselnd angebracht ein Abtsstab und der pfälzische Wappenschild. Ueber der Bronzeschale erhebt sich ein bleierner thürmchenartiger Aufsatz mit alterthümlich gothischen Fenstern und einem Kegeldach, das aus sechs Oeffnungen das Wasser in die oberste Schale wirft, diese speit es aus acht Thierköpfen in die zweite, und diese jetzt aus acht weiteren in die unterste, welche die Hälfte der ganzen Kapelle zum Durchmesser hat. An diesem Brunnen wuschen sich die Mönche, ehe sie das Refektorium oder die Kirche be-

Schlußsteine im Nordflügel des Kreuzgangs.

traten. Außen zeigt die Kapelle feine, zarte, mit spitzer Stirn vorspringende Strebepfeiler.

Ueber den Hallen des Kapitelsaals, des östlichen Kreuzgangsflügels und jenes großen Kellers (s. Grundr.) läuft ein steinernes Geschoß hin mit schmalen, meist veränderten früh-

Schlußstein von der Nordwestecke.

gothischen Spitzbogenfenstern und mit einem durch spitzbogige Blendarkaden gegliederten steinernen Giebel gegen Norden. In ihm befand sich in einer Länge von 210 Fuß das Dormitorium der Mönche, jetzt alles verschwunden; nur in der Ecke, anstoßend an den nörd-

lichen Arm des Querschiffes, erhielt sich ein Gemach, das „Faustloch", wohl das Archiv, wo den Dr. Faust der Teufel geholt haben soll, übersprengt von einem starken Rippenkreuzgewölbe mit Rosettenschlußstein, auf Konsolen ruhend, noch streng im Stil.

Am Nordflügel des Kreuzgangs liegen gegen Norden, außer der schon angeführten früheren Küche und dem Herrenrefektorium, östlich an dieses anstoßend, drei überwölbte Räume. Der erste davon war eine Art Feuerstätte für die darüber liegende Wärmstube (Calefactorium), die eine große Wohlthat für die Mönche in der kalten Zeit gewesen sein muß; in ihr, die schön von zwei hohen Rippenkreuzgewölben (mit Blätterschlußsteinen) bedeckt ist, zieht sich an der am Refektorium hinlaufenden Wand auf 3 Fuß Höhe eine breite steinerne Rinne hin und 20 Röhren, die oben verschließbar waren, gehen von hier nach dem unteren Gemach durch den dicken steinernen Boden.

Von der Wärmstube aus konnte durch das Fenster die Wärme in das Herrenrefektorium hinabdringen, außerdem zieht sich an der Ostwand desselben gegen die Feuerstätte eine backofenartige Vertiefung herein, vielleicht zum Warmstellen der Speisen. Die ganze Einrichtung weist darauf hin, daß die Mönche nicht auf Holzersparnis angewiesen waren, und sie ließen vermuthlich die ganze kalte Zeit hindurch das Feuer in der Feuerstätte, an deren Tonnengewölbe noch starke Brandspuren sichtbar, nicht ausgehen. Auf der Westseite drang dann wieder von der Klosterküche aus erwärmte Luft in das Herrenrefektorium.

An der Nordostecke liegt malerisch die schon oben beschriebene gothische Steintreppe; sie führt in zwei Armen hinauf nach dem, bis zum nördlichen Querschiffarm der Kirche einst in einer Länge von 210 Fuß sich ausdehnenden, jetzt ganz verbauten und veränderten Dorment, vorher links hinüber durch zwei

Schlußsteine im Nordflügel des Kreuzgangs.

gewölbte Räume hindurch in das Kalefaktorium, und rechts hinab in eine rippengewölbte, von Rundsäulen gestützte Halle des Oststügels, vielleicht den Raum für die Abschreiber; gemalte Brustbilder von weisen Männern erscheinen an der Wand, darunter das des Empedokles. Dann sieht man hier neben dichtem grünem Laubwerksgeschlinge: Christus predigend unter Aebten und Pilgern. Abbildung S. 65 zeigt eine schöne Steinkonsole von der östlichen Wand. An den Raum stößt südlich, einst mit ihm zusammenhängend, die sog. Geißelkammer. Ein Wandbild, Christus mit Ruthe und Rohrstab, ist noch sichtbar. An der inneren Leibung des südlicheren der beiden Rundbogenfenster ist eingemeißelt: JOHANNES DE ROTWIL, bekanntlich Abt des Klosters von 1361—1367 (Klunzinger las noch am Halbpfeiler: Byler 1523). Ursprünglich bildeten beide Räume einen, und dieser war ohne Zweifel einst die Frateria (Bruderhalle), wie eine solche Tscherning in seinen neuesten „Mittheilungen" im Kloster Bebenhausen in der Nähe des Kapitelsaals und der Sprechhalle annimmt. Dieselbe war der „Tagesaufenthalt der Mönche in denjenigen Stunden, in welchen sie nicht durch den Gottesdienst oder Geschäfte an anderen Orten in Anspruch genommen waren."

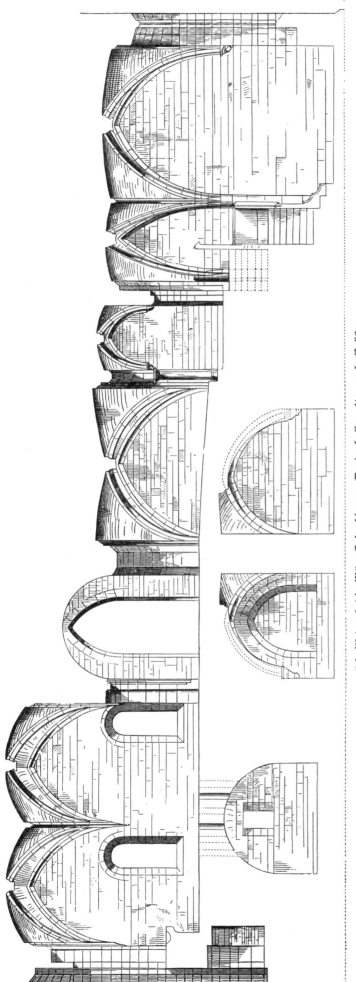

Schnitt durch die Wärmstube bis zur Bruderhalle. $1/100$ nat. Größe.

Wandgemälde, aus dem Jahrgang 1424, aufgenommen vor der Restauration im Jahr 1878, die Stiftung des Klosters.

Die Gothik in der Klosterkirche.

Als Aeltestes haben wir die über den Arkaden der Herrenkirche angemalten Wappenschilde zu betrachten, zum Theil verwischt und gänzlich abgeblaßt, so daß ihre Farben sehr schwer zu errathen sind; sie gehören den Wohlthätern des Klosters, jetzt meist ausgestorbenen Geschlechtern, an, zeigen zum Theil noch erhaltene, manchmal kaum entzifferbare Ueberschriften in altgothischen fast romanischen Majuskeln, und mögen aus dem Ende des 13. Jahrhunderts stammen. Auf der Südseite sind noch in der Richtung von Osten nach Westen zu sehen:

1) Fünf Schilde, jeder mit einer Rose im rothen Feld, die fünf goldene Blätter und einen blauen Butzen hat, Roßwag. 2) Zwei unkenntliche Schilde.

Wandkonsole in der Bruderhalle.

3) Vier Schilde, wovon jeder einen goldenen mit einem Rubin besetzten Ring auf blauem Grund enthält, darüber steht Durmenz. 4) Zwei Schilde, jeder mit einem sitzenden silbernen Bracken im rothen Feld, Brackenheim. 5) Zwei Schilde mit einem Widderkopf. 6) Zwei Schilde mit je einem silbernen Widderhorn auf schwarzem Grund, Zutern. 7) Drei Schilde, jeder mit zwei halbkreisförmigen abwechselnd silbernen und rothen, von einander abgekehrten Bändern in blauem Feld, darüber steht Küngespach (Königsbach in Baden). 8) Fünf Schilde, jeder mit rechts durchschnittenem, in der Oberstelle goldenem, in der Unterstelle schwarzem Feld, darüber steht Bromburg. 9) Zwei Schilde wie Nr. 6, darüber steht Zutern. 10) Zwei Schilde, jeder mit eine Lilie, darüber steht Lunburk (Luneburg, abgegangene Burg auf dem Leinberg bei Kleingartach, O.A. Brackenheim). 11) Zwei Schilde, jeder mit zwei sich kreuzenden Lilienstäben auf rothem Feld, darüber steht Remchingen.

Auf der Nordseite sind in der Richtung von West nach Ost zu sehen: 1) Ein Schild mit schwarzem Adler auf Gold, Iptingen (?). 2) Ein Schild mit drei gelben Schildchen, wovon jedes einen schwarzen Schrägbalken enthält. 3) Zwei Schilde, wovon jeder in schwarzem Feld einen silbernen rechten Schrägbalken führt, der mit drei Paaren von einander abgekehrten rothen Halbmonden besetzt ist, darüber steht Stogsberg. 4) Ein Schild mit goldenem Feld, worauf ein kleiner silberner Schild mit schwarzer Einfassung sich befindet, darüber steht Brethain (= Bretten in Baden). 5) Ein Schild, wagrecht schwarzgestreift in silbernem Feld, darüber steht Wissenstain (= Weißenstein in Baden). 6) Ein Schild (beinahe vergangen) mit einer Raute in goldenem Feld, darüber steht Gladbach. 7) Zwei Schilde, jeder mit fünf runden silbernen Scheiben auf schwarzem Feld, Sickingen. 8) Zwei Schilde mit je einem fast vergangenen großen Stern, vielleicht Sternenfels. 9) Drei Schilde, davon zwei mit drei silbernen Ringen in rothem Feld, Neipperg, der dritte dieser Schilde hat nur zwei Ringe und an der Stelle des vorderen eine Kanne, und geht vielleicht auf Heinr. v. N., Keller in Maulbronn 1299. 10) Zwei Schilde, jeder mit zwei senkrechten von einander abgekehrten goldenen Streitbeilen im blauen Feld, Sturmfeder. 11) Zwei Schilde, jeder mit einem goldenen Schwanenhals in rothem Feld, Freudenstein. 12) Drei unkenntliche Schilde. 13) Zwei Schilde mit drei silbernen Sparren in blauem Feld, Abstat. 14) Zwei Schilde, jeder mit zwei goldenen Querbalken in blauem Feld, Gemmingen. 15) Ein unkenntlicher Schild. 16) Zwei Schilde, jeder mit zwei senkrechten von einander abgekehrten Halbmonden im rothen Feld, Magenheim. 17) Ein Schild mit drei Hifthörnern, Neifen. 18) Ein Schild mit einem fast verblaßten vierfüßigen Thier. Mehrere von den jetzt unkenntlichen Schilden waren zu Gabelkovers Zeit († 1616) noch kenntlich, er nennt (Miscellanea I, 398 ff.)

Wappen im Mittelschiff.

noch folgende: Das Wappen der Göler von Ravensburg, der von Sachsenheim, der Grafen von Vaihingen, der von Dalheim, der von Helfenberg, der von Sternenfels.

Rechts im Triumphbogen steht das Grabmal des Bischofs Günther, die flach erhobene Gestalt in strengem, großartigem, frühgothischem Stil gehalten (um 1300), wenn auch von etwas gezwungener und gespreizter Bewegung; gegenüber, eine Nachbildung aus dem Anfang des 16. Jahrhunderts, die flach erhobene Gestalt des Bischofs Ulrich. Ueber dem Grabmal Günthers sieht man sodann, wohl aus derselben Zeit, den h. Christophorus mit dem Christuskinde im langen Tragröckchen, gar zierlich; der Riese eher einem Mädchen ähnlich. Nicht zu übersehen sind auch die beiden stark verwitterten, prächtigen Flachnischen in der südlichen Chorwand mit Blätterkonsolen und blumigen Giebeln, sowie der mit Säulchen an den Ecken verzierte steinerne Altartisch, worauf einst der Hochaltar thronte; er wird gedeckt von einer ganz gewaltigen Sandsteinplatte, die 3,90 m lang, 1,38 m breit ist, also beinahe 14 Fuß bei 5 Fuß Breite mißt. — Die reich mit Schmiedeisenwerk beschlagene Thür, die aus der Südwand des Querschiffes in eine hier angebaut gewesene gothische Kapelle führte, gehört auch hieher.

Sodann brach man, dem Zuge der damaligen Zeit folgend, um die Mitte des 14. Jahrhunderts in die Ostwand und in die Südwand des Chores je ein gothisches Prachtfenster, einst mit schönen Glasgemälden geschmückt und jetzt wieder erfüllt mit wohlthuenden Ziermustern.

Dann mag um das Jahr 1400 entstanden sein jener eigenthümliche, halb zertrümmerte, oder nie ganz fertig gewordene Aufbau auf die unten romanische Lettnerschranke im nördlichen Seitenschiff. Vor dieser Brüstung ward ein steinerner Baldachin, von dem jedoch nur noch ein Theil der auf der Brüstung ruhenden Ostwand erhalten ist, errichtet, sowie zwischen ihm und dem Arkadenpfeiler eine sehr schöne reichgegliederte gothische Pforte. An ihr erblickt man links oben jene

Wappen im Mittelschiff.

schon oft gedeuteten Bildwerke: einen Arm mit schwörender (segnender?) Hand, um den sich ein Strick schlingt, und an der mit schönem Stabwerk belebten Rückseite, an einer Konsole einen listig lächelnden Mönch mit einem wilden Thier, an einer andern Konsole das Brustbild eines reich gewandeten Laien von edlem Gesichtsausdruck, vermuthlich der Baumeister, Steinmetz, dieses Werkes. Es soll eine Versinnlichung der Sage von der Ueberlistung der Räuber durch die bauenden Mönche sein. Räuber, welche sich dem Bau des Klosters widersetzten, hätten sich auf die Zusage der Mönche, dasselbe nicht auszubauen, zurückgezogen, als aber endlich doch das Glöcklein durch das Thal tönte und jene herbeieilten, die Meineidigen zu strafen, wiesen diese auf das Fehlen eines Steines in dem Bau, und die Räuber schonten die listigen Brüder.

Wir treten nun in das fünfzehnte Jahrhundert und kommen damit an die gothische Umformung der Kirche nach dem Jahr 1420 unter dem Abt Albrecht IV. Baumeister war Laienbruder Bertholt, ein in seiner Kunst wohlerfahrener Mann, der seine Aufgabe nicht ohne Geist löste. Die bis dahin außer in den Querschiffarmen und im Chor flachgedeckte Basilika überspannte er mit Rippengewölben und legte an das südliche Seitenschiff eine Reihe von 10 rippenkreuzgewölbten Kapellen. Das Gewölbe des Hochschiffes stützte er durch Strebebögen, die er an hohe, aus den Umfassungswänden der Seitenschiffe aufsteigende

Thüre im Querschiff ¹/₂₀.

Spitzsäulen anfallen ließ, und so sieht man jetzt aus den Pultdächern der beiden Abseiten eine Reihe mit Blumen besetzter Fialen sich erheben. Das schon genannte Kapellenschiff erscheint gegen außen als ziemlich niedrige Wand mit zehn breiten, von großlöcherigem Maßwerk erfüllten Spitzbogenfenstern, zwischen denen einst wasserspeiende Thiergestalten (man sieht noch Spuren ihrer Tatzen) herausragten. Alle diese Aenderungen und Anbauten sind aus rothem Keuperwerkstein (Schilfsandstein), während der alte Bau ganz aus den schönen grünlichgelben warmtonigen Quadern derselben Gesteinsart besteht.

Im Innern setzte Bertholt an die in die Nebenschiffe gekehrten Seiten der romanischen Pfeiler ins Achteck geschaffte Dienste (auch aus rothem Stein), wobei er sich einigermaßen an den ursprünglichen Stil der schon an den Leibungsseiten der Pfeiler vorhandenen romanischen Halbsäulen anschloß; er versah ihre Füßchen mit Eckknollen, aber ganz frei, d. h. mit schwungvoll gehaltenen tiefunterschafften Darstellungen von Fröschen, Krebsen, Skorpionen, Blättern, Zweigen und Früchten.

Den Diensten entsprechen an den Umfassungswänden hübsche Konsolen, und darüber spannen sich dann die gothischen Rippengewölbe mit Schlußsteinen. Die erste Konsole des linken Seitenschiffes stellt die trefflich gearbeitete, vorkauernde Gestalt eines bärtigen Mannes dar, der in der rechten Hand einen Spitzhammer hält, ohne Zweifel Meister Bertholt selbst. Das netzartige, mit 20 Schlußsteinen geschmückte Rippengewölbe des Hochschiffes geht zum Theil von originellen Konsolen aus; die Schlußsteine aller drei Schiffe, sowie der zehn südlich angebauten Kapellen, enthalten theils reiches Blattwerk, theils Thierfiguren, ferner die vier Evangelistensymbole, der große Schlußstein der Vierung das Lamm Gottes.

Damals wurde auch über der Vierung der nadelschlanke, sehr hohe Dachreiter neu aufgesetzt; sein mit Lilien besetztes schmiedeisernes Kreuz schwebt 51,56 m (180 w. F.) über dem Boden. Im Thurm hängen 3 Glocken, die größte, im Jahr 1832 von Neubert in Ludwigsburg umgegossen, hatte die Umschrift (s. Karl Klunzinger, Artistische Beschreibung der vorm. Cisterzienserabtei Maulbronn. Vierte, verbesserte Auflage, München, 1861):

Wandgemälde am Triumphbogenpfeiler
der Kirche.

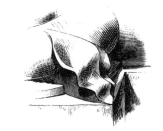

Eckknollen (um 1424).

Convocat hoc signum fratres, turbatque malignum,
Ut psallant digne flagrantes pneumatis igne.
Ave Maria gracia glena.
Annis millenis [centum quattuor] quadragenis.
In Nurnberg fusum, Mulebrun sibi vindicat usum.
Magister Conradus Gnoczhamer me fudit.
Abbas Johannes de Wormacia.
J. N. R. J. Sanctus Stephanus. Sanctus Nicolaus. Sanctus Lorencius.
Sanctus Bernhardus.

Unter den Namen dieser Heiligen waren ihre Bilder und Christus am Kreuz dargestellt mit Maria und Johannes.

Die zweite Glocke (umgegossen 1804 von Deubert in L.) hatte die Umschrift:

Die Vesperglock heis ich
Peter zur Glocken zu Spier gos mich
Anno Domini 1506 iar.

Auf der kleinsten und ältesten Glocke steht in schöner Majuskelschrift:

Cunrat Fuldensis nos fecit, Virgo perennis
Signa tue laudis audis, nec viscera claudis.
Johannes. Lucas. Marcus. Matheus. Adonay.

Gleichzeitig mit dem Umbau, oder doch kurz nachher, hat sich durch hervorragende Werke der Malerei und Holzschnitzkunst die Kirche bereichert und verherrlicht.

Erstlich wurde (um 1424) die ganze Kirche stilgemäß bemalt, wohl auch, um den Eindruck der Ungleichheit zu mildern; man gab den wichtigsten romanischen und gothischen Gliedern die gleiche kräftig graurothe Färbung mit geschmackvollen Mustern in Grün, Blau, Braun und Weiß (meist Blumen- und Blättergeschlinge), den Gewölbemaschen einen reichen farbigen Strahlen- und Blumenschmuck.

Dann aber malte Meister Ulrich an beiden Wänden der Vierung über dem zu den Querschiffkapellen führenden Rundbogen zwei figurenreiche Bilder, südlich die Darbringung der Kirche durch die Stifter, Ritter Walther von Lomersheim und Bischof Günther von Speier; sie bringen das Kirchenmodell der Maria und dem Kinde dar mit den Worten:

Suscipe Guntheri, Virgo cum Prole Maria,
Nec con Waltheri, sic duo vota pia.

Ferner stellt das Gemälde dar die Einkleidung des Ritters Walther von Lomersheim ins Kloster Maulbronn durch den Abt Diether.

Unter dem Bilde stehen folgende Verse:

Anno milleno, centeno, bis minus uno
Sub patre roberto coepit cistertius ordo,
Spirae Guntherus post hec praesul venerandus,
Lyningen celebri de comitum genere,
Ipseque Waltherus de Lamersheim bene natus,
Quippe virum genuit liber uterque parens,
Qui seclo valedans, sub Dithero monachizans,
Fiens conversus se tribuitque sua,
Anno milleno C semel duodequadrageno
Appril ter ternis hunc fundavere kalendis
Terrestrem Mülbrunn, hinc celestem paradisum
Possideant, Domino gratificante pio.
Denique milleno, tetra C, duo X, quater uno
Patre sub Alberto pingitur hic paries,

Per quem testudo precelsior et laterales

Sunt quoque perfecte taliter ecclesie.

Conversis operis Bertholt, Ulrichque magistris,

Alter depictat, sed prior edificat,

Virginis ad laudem Matris Prolisque perennem,

Qui socient patriae nos hilares latriae.

Rechts oben unter der hölzernen Bedachung steht:

Ditherus abbas primus loci huius.

Also im Jahre 1424 malte Meister Ulrich dieses Bild, somit begann der umfangreiche Umbau der Klosterkirche durch Laienbruder Bertholt einige Jahre früher, etwa im Jahre 1421.

Der in der Inschrift er-
wähnte Günther Graf von Leiningen stimmt nicht zu; nach Rem-
ling, Geschichte der Bischöfe zu
Speier I., 381, war Günther ein
Graf von Henneberg. Mit dem
Stiftungsjahr 1138 ist die erste
Stiftung der Abtei zu Eckenweiler
gemeint; die zu Maulbronn geschah erst 1146—1147.

An der nördlichen Wand ist
von demselben Meister Maria mit
dem Jesuskinde gemalt, vor ihr
die drei Weisen aus dem Morgen-
land. Der eine kniet vor dem
Knäblein, küßt seine Füße und hat
neben sich ein Schatzkästchen, der

Konsole im nördlichen Seitenschiff der Kirche.
(Meister Bertholt.)

zweite hält einen Scepter und will eben niederknieen, der dritte läßt sich von einem Diener Kostbarkeiten aus einem goldenen Gefässe geben. Im Hintergrund hält ein zweiter Diener die drei Pferde der Weisen; auch sieht man zwei Kameele, das eine weidend, das andere mit dem Kopf in der Höhe. Unter dem Gemälde steht:

Solem stella parit, aurora diem, petra fontem,

Patrem nata Deum (?), femina virgo virum.

Illius imperium reges venerantur, adorant,

Stupent et dotant tale puerperium.

Duxit stella pios Christi nascentis ad ortum

Tres super apparens ex oriente magos.

Melchior anterior, post Balthasar, hinc quoque Caspar

Aurum, thus, mirram, tres tria dona ferunt.

Mortuus in mirra Christus signatur, in auro

Rex, in thure Deus, sunt tria forma trium.

Dat mirram, qui se macerat, thus quilibet orans
Cum lacrimis, aurum, qui sapienter agit.

Dazwischen die Wappen der drei Weisen mit der Inschrift:

His clarent trinis insignia regia formis.

Beide Gemälde sind bewegt, ergreifend, voll augenblicklichen Lebens, von besonders glücklicher Wirkung der die drei Rosse der Weisen haltende Diener, dann die Einkleidung Walthers von Lomersheim und Maria mit dem halbbekleideten Kinde. Ein weiteres, die Widmung des Gotteshauses an Maria darstellendes, aber fast vergangenes Bild aus derselben Zeit sehen wir außen im Bogenfelde des Hauptportals der Kirche, daran war die schon oben angeführte Inschrift:

Anno domini M. centesimo trigesimo octavo nono Kald. Aprilis Mulibrunnum per Guntherum Spirensem construit

Fridericus Caesar.   Waltherus.

Auf dem Schlußstein des Chorgewölbes erblickt man Maria mit dem Jesuskinde und in den vier Gewölbefeldern die vier Evangelistensymbole, was der großen Auffassung nach wohl auch Meister Ulrich zuzuschreiben ist. Weitere stark beschädigte Wandmalereien aus dieser Zeit befinden sich in einigen der zehn südlich angebauten gothischen Kapellen.

In der ersten, an der Ostwand: Christus am Kreuz (mit ungekreuzten Beinen), daneben Maria und Iohannes und je ein Bischof; kelchhaltende Engelchen umschweben den Heiland. Die Gestalten sind schlank, lebhaft und edel gehalten, Iohannes noch mit der alten Geberde des Schmerzes, die Hand an die Wange legend.

Die zehnte Kapelle war ganz mit Wandgemälden erfüllt, wovon sich leider nur die in den Rippenkreuzgewölbefeldern erhielten und schwache Spuren an der Westwand, hier die Vorgänge in Gethsemane darstellend. Die vier Gewölbefelder aber zeigen in ganz trefflicher Zeichnung acht musicirende langgeflügelte Engel.

In der gewöhnlich verschlossenen neunten Kapelle, die von einem Netzgewölbe mit vier schönen Schlußsteinen bedekt wird, stehen verstümmelte, halb lebensgroße spätgothische Holzbilder, sie befanden sich einst auf dem Hochaltar und geben reichbewegte Scenen aus der Leidensgeschichte; ebenso eine (ältere) lebensgroße Madonna mit dem halbbekleideten Kinde, ausgezeichnet durch ihren hohen Stil. Die Kapelle dient jetzt als Sakristei.

Die zwei großen Wandbilder Meister Ulrichs wurden im letzten Jahre durch Professor Schmidt von Stuttgart stilgemäß mit feinem Takt erneuert.

In zwei stolzen Doppelreihen ziehen sich, beinahe den ganzen Raum zwischen Lettner und Vierung erfüllend, die Chorstühle, 92 an der Zahl, hin. Sie waren ziemlich gut erhalten, sind in den letzten Jahren durch Bildhauer G. Glos von Stuttgart vollständig und tüchtig wiederhergestellt worden, sind aus Eichenholz geschnitzt, im Stil der Mitte des 15. Jahrhunderts gehalten und machen eine ganz prächtige Wirkung. Man bemerkt an ihnen folgende bildliche Darstellungen: Noahs Trunkenheit, den Tanz Davids vor der Bundeslade, das Opfer Kains,

Nebengebäude des Klosters.

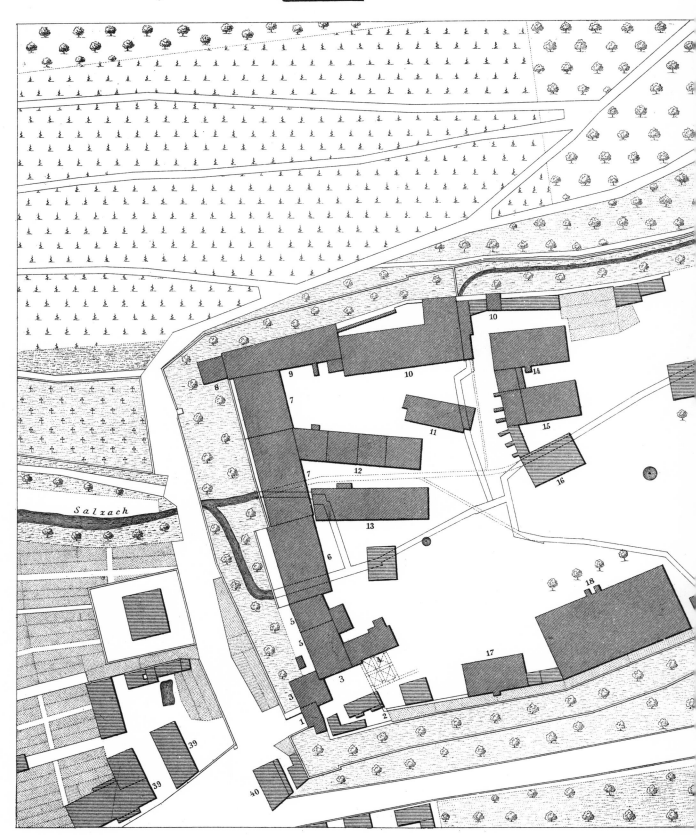

Salzach

1. Klosterthor.   2. Dreifaltigkeitskapelle.   3. Ehem. Gasthaus.   4. Frühmeſserhaus.   5. Wagnerei.   6.

12. Haberkasten.   13. Marstall (jetzt Rathhaus)   14. Speisemeisterei.   15. Gesindehaus.   16. Kameralamt

23. Laienrefektorium.   24. Küche.   25. Herrenrefektorium.   26. Kalefaktorium.   27. Kreuzgang.   28. Kapitelsaal

35. Herzogliches Schloſs.   36. Pfründhaus.   37. Faustthurm.

Lith v Fried

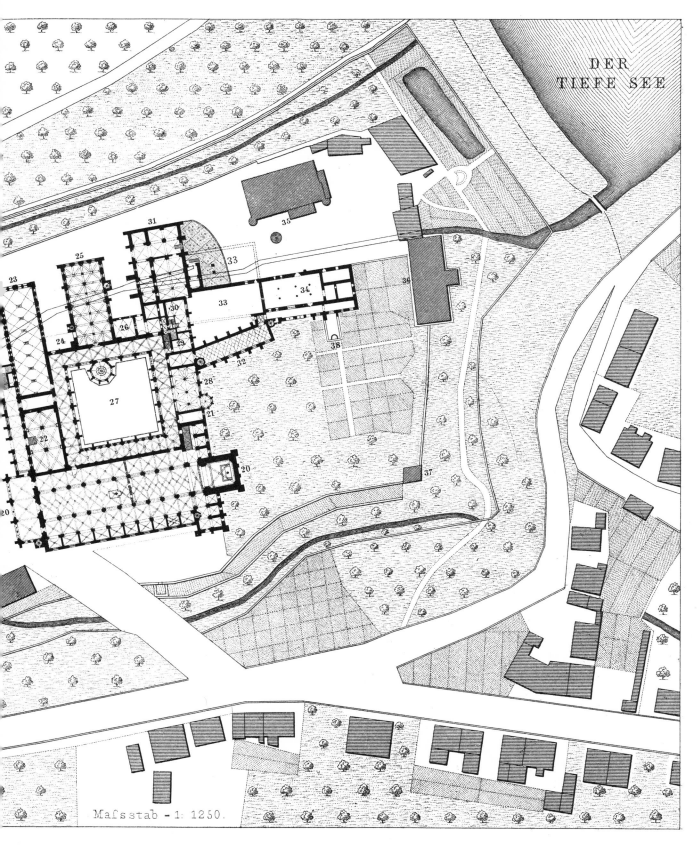

Neuere Gebäude.

DER
TIEFE SEE

Maſsstab = 1: 1250.

.ede. 7. Alte Oekonomiegebäude. 8. Hexenthurm. 9. Melkerstall. 10. Klostermühle. 11. Pfisterei.

.iferei. 18. Fruchtkasten u. Kelter. 19. Weingartmeisterei. 20. Kirche. 21. Sakristei 22. Vorrathskeller.

.30. Ehem. Bruderhalle. 31. Groſser Keller. 32. Parlatorium. 33. Ehem. Abtswohnung. 34. Herrenhaus.

.cheerbrunnen im früheren Herrenkirchhof. 39. Ehem. Klosterwirthshaus.

.ert, Stuttg.

den Stammbaum Christi, aus Jeſſe's Bruſt emporſproſſend, das Einhorn im Schoos
der Maria, die Opferung Iſaaks, Moſes am feurigen Buſch, Simſons Kampf
mit dem Löwen; an den weſtlichen Seitenlehnen der inneren Stuhlreihe ſind die
Bruſtbilder zweier bärtiger Männer mit Mützen angebracht, die nicht mehr entzifferbare Spruchbänder (mit vergangener einſt aufgemalter Schrift) halten, ohne

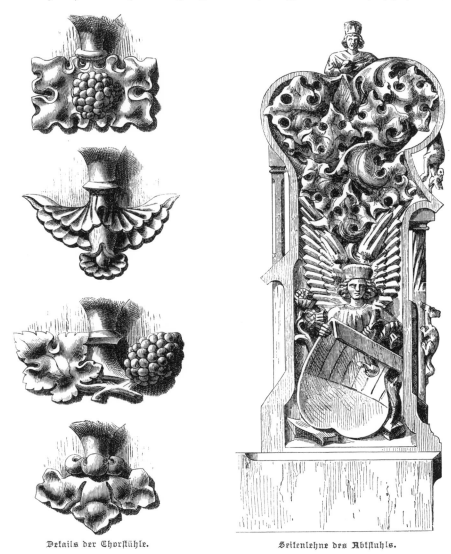

Details der Chorſtühle. Seitenlehne des Abtſtuhls.

Zweifel die Bildniſſe der leider unbekannten Meiſter dieſer reichen und ſehr tüchtigen Arbeit; ſchönes Laubwerk und kräftige Thierfratzen ſind in Fülle angebracht, und die hohe Rücklehne der hinteren Reihe wird oben durch feines, gothiſch
durchbrochenes Gitterwerk belebt. — Aelteres Stuhlwerk, mit einfach edlem
gothiſchen Zierat, ſteht in der Laienkirche im nördlichen Seitenſchiff.

Außerordentlich reich iſt dann der jetzt wieder im Chor ſtehende dreiſitzige
Abtsſtuhl (Levitenſtuhl), der in drei hohe (auch wieder hergeſtellte) Baldachine
ausgeht. Beſonders prächtig ſind ſeine Lehnen und Brüſtungen; vergl. auch Auf-

nahme und Ergänzung von C. Beisbarth im VIII. Jahresheft des württembergischen Alterthumsvereins.

An den hohen Seitenlehnen des Stuhlschrankes steigt üppig rankendes Reblaub mit Trauben, von Thierchen und kleinen Weingärtnern bevölkert, empor, an der andern Seite großartiges langblättriges Distelgewächse; oben sind zwei Wappen, das des Bischofs Günther von Speier und ein unkenntliches (für Günther fälschlich, wie am Gemälde in der Vierung, das von Leiningen) groß angebracht. An der vorderen Brüstung sieht man reiches, „flammendes" Blattgewirr, in das kleine Löwen, Drachen, Hirsche, Vögel, Armbrustschützen u. s. w. und ein großes Spruchband hineingeschlungen sind; auf diesem steht: Vinea Domini Sabaoth. Flores

Haupt des Krucifixus in der Kirche (1473).

virtutum carpite, o sacra concio! An den Seitenbrüstungen wächst wieder herrliches Weingewinde und anderes Laubwerk, unten kniet je ein Engel mit dem Wappen von Maulbronn (Cisterz) und von Lomersheim, und oben an der Seitenbrüstung erscheint ein Männlein mit einem Buch in der rechten Hand, ein Stifter, vor sich seinen leider unkenntlich gewordenen Wappenschild. Auch die dreigetheilte Rücklehne wird von Maßwerk und weiter oben von schönem Laubwerk verziert, in welchem auf drei Bändern steht: Quis iste est rex glorie? Ego sum, qui sum. Vere Deus absconditus.

Vor dem Lettner, am Laienaltar, erhebt sich schwermuthsvoll das zwölf Fuß hohe, aus grauem Keuperwerkstein gearbeitete Krucifix: der Kreuzesstamm ist holzartig behandelt und trägt an seiner Rückseite C. V. S. 1473. Christus erscheint von schöner, etwas voller naturwahrer Körperbildung; sein Haupt ist fast zu groß, etwas ältlich, mit gedämpftem Wehausdruck und ausgezeichnet durch seine herrlichen Locken. Das Schamtuch flattert in prächtigem Fluge weit hinaus.

Um die Zeit der Sommersonnenwende fallen Morgens zehn Uhr etwa eine

Viertelstunde lang die Sonnenstrahlen gerade auf die Dornenkrone des Heilands, so daß dieselbe in wunderbarem Glanze strahlt, während die sonstige Figur, wie auch das Kreuz in Halbdunkel gehüllt bleibt.

Manchmal nur im hohem Sommer, wenn der Rosen volle Pracht
Ringsum in der Klostergärten dichtem Buschwerk sich entfacht,
Fallen so die Sonnenstrahlen durch der Kirchenfenster Scheiben,
Daß sie einen Augenblick auf der Dornenkrone bleiben.

Mächtig wie der Frühlingsodem den erstarrten Zweig durchdringt,
Geht ein Leben durch die Krone, die des Dulders Stirn umschlingt;
Und es scheinen in den Dornen, die des Heilands Haupt zerstochen,
Von der Sonne wach geküßt, rothe Rosen aufgebrochen.

Paul Lang.

Vor dem Laienaltare liegt sodann, auch dem 15. Jahrhundert entstammend, der mit Kreuz und Wappen geschmückte Gedenkstein des ersten Stifters, Walthers von Lomersheim.

Noch sind zu erwähnen die beiden spätgothischen steinernen Altarbaldachine, die je vor dem dritten Arkadenpfeiler stehen, von hübschen gewundenen Säulen getragen und von schönen reich bemalten Sterngewölben überspannt werden, der nördliche, dessen Altar der h. Anna geweiht war, hat den Gremp'schen und Widmann'schen Wappenschild und die Inschrift: Conradus Gremper Civis de Vaihingen. 1501. Innen am Chorbogen liest man die Inschrift: Anno Domini MDX tempore Domini Michaelis Scholl Abbatis renovatum.

Die Gothik an den übrigen Bauten.

Um das Jahr 1479 wurde der ursprünglichen Klosterschauseite, wie schon oben bemerkt, als eine nordwärts von dem Paradies gehende Verlängerung, ein Gang mit schlichten Rippenkreuzgewölben und mit, den romanischen des Herrenhauses, nachgeahmten Pfeilerarkadenfenstern vorgelegt; der an das Paradies stoßende Theil ist einstockig, weiter gegen Norden wird er zweistockig und von einem hohen, mit großer Kreuzblume geschmückten Giebel bekrönt; starke Strebepfeiler, an einem die Jahreszahl 1479, stützen das Gebäude und gehen in blumige Spitzsäulen aus.

Ferner die spätgothischen Bauten, die unter den Aebten Burrus und Entenfuß errichtet wurden und die spätesten Wandlungen des gothischen Stils in reichen Formen zeigen; das Parlatorium, Oratorium, der Einbau des schon mehrfach erwähnten Herrenhauses seinem größeren Theile nach, und der Winterspeisesaal.

Durch den nördlich vom Kapitelsaal hinziehenden breiten Durchgang gelangt man in das schief gegen Nordosten hingestreckte Parlatorium, eine 88 Fuß lange, gegen 20 Fuß breite und fast ebenso hohe Verbindungshalle zwischen Kloster und Herrenhaus. Hier allein, im „Sprechsaale", dessen reiche Fischblasenfenster gegen den wohlgepflegten Garten, den früheren Herrenkirchhof, hinaus gehen, durften die Mönche untereinander und mit Fremden sprechen; er wurde um das

Jahr 1493 errichtet in weiten und höchst wohlthuenden Verhältnissen und mit einem viel- und scharfrippigen, tonnenartigen Netzgewölbe, das noch lebhaft bemalt ist mit Flammen, Adlern u. s. w., dabei einmal die Buchstaben M E S. An der Ostwand sieht man eine große und großartig aufgefaßte, leider halbvergangene gothische Malerei: Maria mit dem Jesuskinde, rechts ein Bischof. Darunter wurde später das herzoglich württembergische Wappen groß, vermuthlich unter Herzog Ulrich, als Maulbronn (1504) württembergisch geworden war, aufgemalt. In der Südwestecke steht ein steinernes Wendeltreppenthürmchen mit der Inschrifttafel:

Divae virgini Mariae ac posteritati bene merenti Johannes Burrus de Brethen Abbas per F(ratrem) Conrad Conversum de Schmye hoc opus erigens a fundamentis consummavit.

Anno domini MCCCCLXXXXIII (1493) L(aus) O(ptimo) D(eo).

Darunter steht: Restaurirt Anno Domini 1862.

Parlatorium, Querschnitt.

Die schön gearbeitete Treppe führt hinauf in das Oratorium; es liegt gerade über dem Sprechsaal, ist aus derselben Zeit und von derselben Größe, sein reiches und kräftiges, von Konsolen getragenes Sterngewölbe hat schöne Schlußsteine, auf denen die ausdrucksvollen Brustbilder der vier großen Kirchenväter, Augustin, Ambrosius, Hieronymus und Gregor, und des h. Bernhard von Clairvaux, dann Maria mit dem Kinde, Blattkränze und ein Engel mit Wappenschild, darauf ein Abtsstab und I O-B (Johannes Burrus) ausgemeißelt sind, auf einem andern das Zeichen des Meisters, ohne Zweifel des Conrad von Schmie; der 14. Nov. 1506 und 14. Mai 1513 in der Bauhütte zu Constanz vorkommende Steinmetze Conrat von Maulbronn (Mone, Oberrhein 5,45) ist wohl ein und derselbe. An einer schönen Engelskonsole steht die Jahreszahl 1495. Die Gewölberippen wurden in unserer Zeit wieder bunt bemalt und vergoldet, die hohen Maßwerksfenster mit verzierten Scheiben versehen. Am Aeußern des zweistockigen Gebäudes steigen (jetzt auch wiederhergestellte) Strebepfeiler mit gedoppelten Spitzsäulen hoch und wirksam empor.

Das zweite Stockwerk des nördlichen Querschiffarms wurde ebenfalls durch Abt Burrus, aber bei seiner zweiten Amtsführung (1518—1521), zum Bibliotheksaal, der jetzt noch dafür dient, eingerichtet, mit hoher Decke, die aus zwei spitzbogigen auf Pfeilern ruhenden Tonnengewölben besteht. Hier zeigt man noch die 1450 gemalte, 1616 erneuerte Stiftungstafel und ein sehr beschädigtes Altargemälde, die Kreuzigung Christi, vom Jahre 1432.

Die Stiftungstafel, früher in der Herrenstube im Herrenhaus, ist ein Altarschrein mit zwei bemalten Flügelthüren; auf dem linken Flügel sieht man außen die Klosterbrüder im Bau der Kirche begriffen, und auf dem rechten, wie sie von Räubern überfallen werden und schwören, das Kloster nicht auszubauen. Innen sieht man auf dem einen Flügel, wie Bischof Günther und Walther von Lomersheim die Kirche der h. Maria darbringen mit den Worten:

Laß dir diß Opfer gnediglichen bevolen sein.

Ad nos flecte oculos, dulcissima virgo Maria,

Et defende tuam, diva Matrona, domum. 1493.

Auf dem andern Flügel sieht man innen den h. Bernhard und Abt Diether vor der Maria knieen und von diesem gehen die Worte aus:

„O Muter Gots empfahe das Opfer".

Auf der Tafel selbst steht mit vergoldeten Buchstaben die Geschichte von der Gründung des Klosters. Gemacht und Geschrieben 1450, Renovata 1616.

Das Herrenhaus, zum Theil noch mit romanischen Theilen, hat in seinem Erdgeschoß einen großen (jetzt verbauten) Saal, dessen aus starkem Eichengebälk gezimmerte flache Decke auf sechs sehr schönen Säulen vom spätesten gothischen Geschmacke ruht; sie haben Würfelknäufe, reich umflochten von gothischem Stab- und Blumenwerk,

Parlatorium, Längenschnitt.

das sich auch an den Säulenschäften in wechselndem Spiel herabzieht. Die Nordseite des ausgedehnten Gebäudes schmückt ein sehr zierlicher halbachteckiger steinerner Erker; der Schlußstein seines Gewölbes trägt, gleichwie eine jener Säulen, einen den Abtsstab haltenden Entenfuß, das Wappenzeichen des Erbauers, des Abtes Entenfuß. Derselbe ließ· auch im Jahre 1517 in der von der Sprechhalle mit dem Herrenhaus gebildeten Ecke die schöne, 1868 erneuerte Wendeltreppe mit hohler Spindel erbauen, sammt folgender Inschrift:

Anno domini MCCCCCXVII sub venerabili Domino Domino Johanne Entenfus Abbate arte et ingenio fratris Augustini hoc opus erigitur.

An die nordwestliche Ecke des Herrenhauses stieß das alte Abtshaus, die spätere Prälatur; die von Abt Heinrich II. 1384—1402 errichtete d. h. umgebaute domus abbatialis, denn, wie schon oben bemerkt wurde, weist ihr Erdgeschoß in romanische Zeit; abgebrochen im Jahre 1751, war sie bis dahin Wohnung der Aebte oder Prälaten. An der noch stehenden hinteren Mauerwand befindet sich ein gothisches Fenster und eine gothische Stabwerkspforte mit der Jahreszahl 1497: hier war vielleicht die Kapelle des Abtshauses.

Dann ist noch zu erwähnen der sog. Winterspeisesaal, jetzt Winterkirche,

Parlatorium.

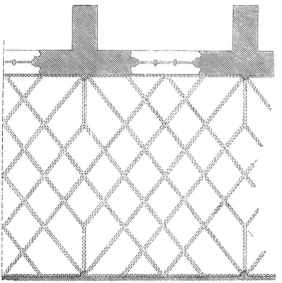

Grundriß des Parlatoriums.

Konsole im Oratorium mit der Jahreszahl 1495.

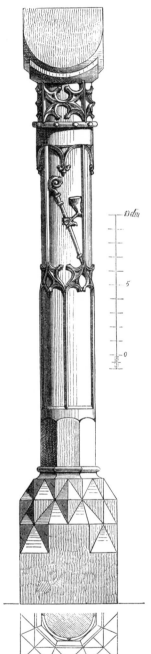

Steinſäule im Herrenhaus.

Herrenhaus mit dem von Abt Entenfuß erbauten Erker.

im zweiten Stockwerk, über einem Theil des Laienrefektoriums und über dem Keller gelegen, innen mit hübſchen geradgeſtürzten Sproſſenfenſtern und ebener Decke, auch erbaut unter Abt Entenfuß 1512—1518. — Außen gegen Weſten ſieht man eine Sonnenuhr, an welcher ſtand: Cum sol non lucet, patientia opus est. Vom Laienrefektorium führte einſt jene ſpätgothiſche Wendeltreppe herauf, von

79

der sich das reichverzierte steinerne Geländer an der jetzt ins Kloster führenden Treppe befindet; man sieht daran auf einem Schild folgendes Meisterzeichen:

Das zweite Zeichen gehört dem Conrad von Schmie, das dritte wahrscheinlich dem Hans Wunderer.

In der letzten gothischen Zeit wurde dann an den Gewölben verschiedener älterer Gebäude eine fröhliche, zum Theil schon mit Renaissanceformen spielende Malerei angebracht, wie im Kapitelsaal, im Kreuzgang, in der Brunnenkapelle (1511), im Herrenrefektorium und in der Vorhalle der Kirche (1522).

Hier ist angeschrieben: In laudem Summi Regis Triumphatoris MDXXII. Ferner ist hier anzuführen, was Tobias Wagner, Evangel. Censur der Besoldischen Motiven etc. Tübingen 1640, S. 652 schreibt: „Wem das Kloster Maulbronn bekannt, der hats können mit seinen Augen sehen, wie in dem Vorhoff selbiger schönen erbauten Kirchen oben im Schwibbogen unter anderen Gemälden auch eine Gans abgemalt steht, an welcher eine Fläsch, Bratwürst, Bratspieß und dergleichen hangen, neben einer zur nassen Andacht wohl gar componirten Fuga folgenden Tenors, mit ihrem unterlegten Text, gleichwohl nur den initialibus literis „A. V. K. L. W. H. All Voll, Keiner Leer, Wein Her", — worüber wir J. V. von Scheffel jenes herrliche Gedicht, „die Maulbronner Fuge", verdanken.

> „Im Winterrefektorium
> Zu Maulbronn in dem Kloster
> Da geht 'was um den Tisch herum,
> Klingt nicht wie Paternoster:
> Die Martinsgans hat wohlgethan,
> Eilfinger blinkt im Kruge,
> Nun hebt die nasse Andacht an
> Und Alles singt die Fuge:
> A. V. K. L. W. H.
> Complete pocula!" u. s. f.

Seit dem Jahr 1847 bis auf die neueste Zeit wurde das Kloster einer durchgreifenden und sehr tüchtigen Restauration unterworfen; gar manche der Räume, wie das Laienrefektorium, waren ganz unzugänglich, das Herrenrefektorium stak tief im Schutte u. s. w. Die Restauration erfolgte auf Kosten des Staates, wobei besonders die Architekten Beyttenmiller, Kapff, Schöll, Weiß, Berner, seit 1862 unter der bewährten Oberleitung des Baudirektors von Landauer, thätig waren.

Die Grabsteine.

Noch sind zu erwähnen die vielen Grabplatten, die den Boden verschiedener Räume bedecken, freilich zum Theil stark oder fast ganz abgetreten sind, vor mehr als hundert Jahren abgezeichnet und in einem Band in der Ephoratsregistratur

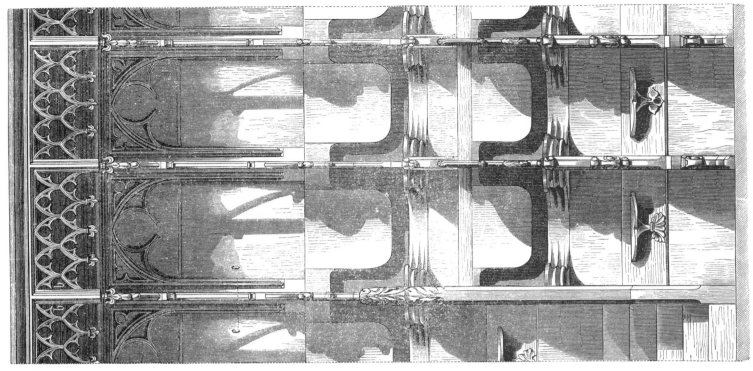

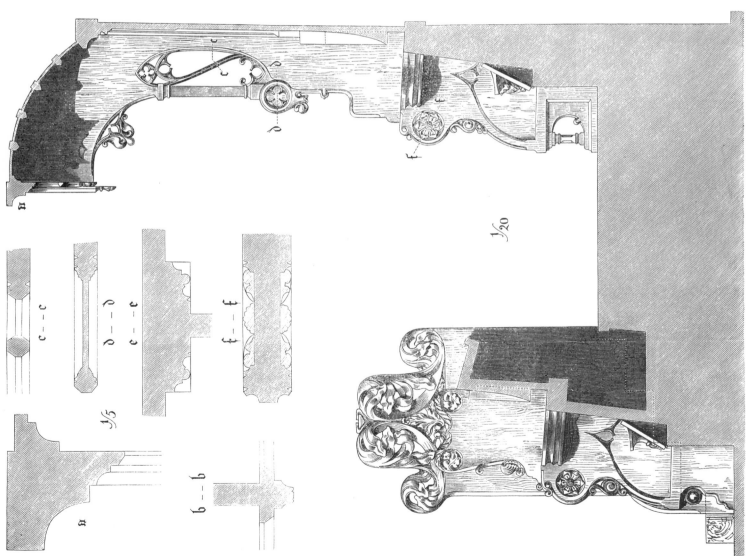

Querschnitt und Ansicht der Chorstühle. ¹/₂₀ nat. Größe.

niedergelegt wurden. Es sind die Monumenta Monasterii Mulifontani, primum collecta et delineata labore Eberh. Frid. Jenisch, Al. Mulifont. Anno 1769, Dank dieser fleißigen Arbeit ist es möglich, die stark abgetretenen zu ergänzen oder auch die Umschrift mancher jetzt leider entfernter Grabplatten anzuführen.

Auf dem Boden des Paradieses sind noch zu erkennen:

Eine Grabplatte ohne Umschrift mit einem Wappenschild, worauf zwei Seiher(?) sich kreuzen, dazwischen eine fünfblättrige Rose.

Eine mit dem Weippergischen Wappenschild; drei Ringe.

Eine mit dem Sturmfederischen; zwei von einander abgekehrte Streitbeile.

Eine mit dem Wappenschild derer von Remchingen; zwei gekreuzte Lilienstäbe.

Eine Platte mit folgender Inschrift und dem reichverzierten helfensteinischen Wappenschild:

Anno domini MCCCCCXXXII uf den VII. Tag des Januarij ist gestorben der wolgeborn h. her rudolff grav zu Helfenstein. Des sel ruwe in friden. Diese und die folgenden in gothischer Minuskelschrift.

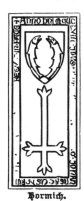

Hormisch.

Vor dem Hauptportal liegen zwei große Platten, auf einer steht: Her Günther bischof zu speier und grav zu lyningen stiffter dis gotshus lit in der sanct heren chor begraben. des sele ruwe in dem friden. Dabei sein Wappen.

Auf der andern Platte steht: Her walther fryr von lamersheim ein mitstifter dis gotshus lyt in der bruder chor begraben. des sele ruwe in dem friden. Dabei der Lomersheimer Wappenschild.

Ferner eine Grabplatte: Anno domini MCCCCLXII in der niderlag der heren zu seckenheim starb der jung her Jörg von der Wüttemmüln. des sele ruwe in dem friden. Dabei sein Wappenschild (mit Mühlstein).

Luneburg.

Dann eine Grabplatte mit der Umschrift: Als man zählt 1570 jar uf den 3. tag junii starb der edel und vest Balthassar von Essendorf. Der letzte seines Stammens. Dem Gott gnedig sey.

Dann nicht mehr lesbar die Grabplatte eines Hans Georg von Baldersheim, Kommendator zu Winenden, † 14. Nov. 1574.

Außer diesen sind vollständig abgetretene Platten vorhanden, von denen uns Jenisch die Wappen aufbewahrt hat, und die zu den ältesten gehören. Es sind Wappenschilder ohne Umschriften, von Dürmenz, Freudenstein, Göler, Vaihingen, Sickingen, Lomersheim, Wappen, die uns schon an den Wänden des Oberschiffes der Kirche begegneten.

Die merkwürdigste Reihe von Grabplatten befindet sich im Kreuzgang, im südlichen und im östlichen Flügel; wir beginnen mit denen im südlichen, indem wir zugleich diejenigen der Aebte bis auf den Schluß aufsparen.

Eine schmale Sandsteinplatte mit einem Kreuz mit Lilienenden und einem

Wappenschild, worin zwei gegen einander gekehrte Fische: die Umschrift in gothischen Majuskeln lautet: Anno domini MCCCLVIII idibus januarii octave epiphanie obiit iohannes vocatus hormich piscator civis spirensis. requiescat in pace.

Eine sehr schmale Platte mit einem Wappenschild, worauf eine schöne große heraldische Lilie eingeritzt, darunter steht im Quadrat umher in altgothischen Majuskeln: Clauditur hoc tumulo conradus cum ludovico. (Eine inschriftlose Platte mit demselben Wappen ist verschwunden.)

Die Lilie deutet auf Luneburg. Nach einer Staatsarchivurkunde vermacht am 1. August 1241 Ludewic von Luneburch dem Kloster Maulbronn seinen Hof in Northeim als Precarei, gibt, so lang er lebt, jährlich ein halb Pfund Wachs und

Wäppchen auf Grabsteinen im Kreuzgang (Offenburg, Schauenburg, Sickingen).

bedingt sich und seiner Frau hierfür ein Begräbnis im Kloster. Vielleicht deuten auch jene oben besprochenen Lilien, welche in die zwei Portale des Klostereingangs eingemeißelt wurden und auf die Zeit um 1201 weisen, auf Luneburg.

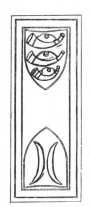

Magenheim und Neisen.

Eine Platte mit einem Wappenschild, worauf ein doppeltes Schloß dargestellt ist, und der Umschrift in gothischen Majuskeln:

Anno domini MCCCLXXIX III idus ianuarii obiit rudolfus de offenburg. civis spirensis. amicus huius coenobii. requiescat in pace.

Eine Platte mit der Aufschrift in gothischen Minuskeln: Anna Zum Lamme. anno domini MCCCCXXXVIII V calend. Marcii obiit in spira.

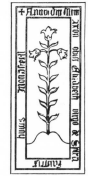

Grabstein der Elisabeth von Speier.

Eine Grabplatte mit dem Schauenburgischen Wappenschild, ein großes Andreaskreuz über einem kleineren Schilde, der von geschuppten Wolken umgeben ist, um die Platte her steht in gothischen Minuskeln: Anno domini MCCCCLXXII obiit junckher jörg von schauenburg. bernharts von schauenburg sone. uff sant dionisius tag.

Eine Grabplatte mit dem Sickingenschen Wappenschild, der fünf runde Scheiben enthält, und der Umschrift in gothischen Minuskeln: Anno domini MCCCCXXXI pridie kalendas augusti obiit jungher Leonhard von Sickingen. her swickers son. voit zu brethein.

Eine Grabplatte mit demselben Wappenschild, nur schief gestellt, und der Umschrift: Als man zalt von crist geburt 1478 jare uff den vierden tag des monats augusti ist gestorben der vest junkher swicker von Sickingen. faut zu brethein. des sele ruge in dem fried. amen.

Eine Grabplatte mit folgender Umschrift in altgothischen Majuskeln: Anno domini M . . . . . VI cal. sept. obiit dominus cunrad de bernhusen. spirensis canonicus. qui mortis poenas exsolvens hic sepelitur (er lebte vor 1277, f. Zeuss, traditiones Wizenb. S. 306).

Eine sehr alte und sehr schmale Grabplatte ohne Schrift, mit dem Magenheimschen (zwei senkrecht von einander abgekehrte Halbmonde) und mit dem Deifenschen Wappenschild (drei wagrechte Hifthörner).

Ein Platte, worauf eine große, in Kreuzesarmen blühende Lilienpflanze mit der Umschrift in gothischen Minuskeln: Anno domini MCCCCXXIX obiit Elin virgo de Spira. fautrix hujus Monasterii.

Ganz dieselbe mit der Umschrift: Anno domini MCCCCXXVII obiit Elsabeht virgo de Spira. fautrix hujus Monasterii.

Eine alte Platte mit fünfblättriger Rose (Roßwag.)

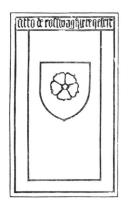 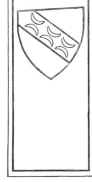  

Otto von Roßwag.   Stocksberg.   Dürmenz.   Conrad von Remchingen.

Eine Platte mit dem untern Theil eines Leuchters und der Umschrift in gothischen Minuskeln: Anno domini MCCCCXIIII II nonas decembris obiit venerabilis et egregius frater johannes Mulberg. sacerdos in basilea. professor (us) ordinis fratrum predicatorum. cujus anima requiescat in pace.

Eine Platte mit dem Roßwagschen Wappenschild und der Umschrift in gothischen Minuskeln: Otto de rosswag hic requiescit.

Eine Platte mit der Darstellung eines Priesters und Arztes, der in der Rechten einen Kelch, in der Linken ein Buch hält, unten ein Wappenschild mit einem Hirschkopf. Die Umschrift lautet in gothischen Minuskeln: Anno domini MCCCCVIII nonis januarii obiit venerabilis magister burkard de waltorf sacerdos et phisicus. hujus cenobii fidelis amicus. cujus anima requiescat in pace sempiterna. amen.

Eine Platte mit dem Stocksbergischen Wappenschild.

Eine schmale Platte mit dem Wappenschild derer von Dürmenz.

Eine Platte mit einem Wappenschild, worauf zwei Lilien sich kreuzen, und der Inschrift in gothischen Minuskeln: Conradus de Remchingen.

Eine Platte mit gothischer Majuskelschrift, die sowohl rings herum als auch in wagrechter Reihe den halben Stein bedeckt; darunter ist ein Kreis eingeritzt, worin zwei Stäbe mit Blumenenden sich kreuzen. Die Inschrift lautet: Anno domini MCCCLX V cal. februarii obiit Pela Gutae Domina . in Domino requiescat. Amen. Anno MCCCLX II cal. februarii obiit Pela, filia ejus, et Anno Domini MCCCLI X cal. augusti obiit Guta, filia praedictae Gutae, et Anno MCCCLXXXVII XV cal. april. obiit Irmela, soror Pelae et Gutae immediate praescriptae. Requiescant in pace. Amen.

Eine Platte mit dem Wappenschild von Bromburg. Eine Platte mit unleserlicher Majuskelschrift und der Jahreszahl 1313. [Eine Platte mit Schild, worauf zwei Deippergische Ringe und eine Kanne, ist verschwunden.]

Eine Platte mit der Umschrift in gothischen Minuskeln: Anno domini MCCCCXIX III cls. octobris obiit venerabilis magister Petrus de Prega, eximius doctor in medicinis studii padauviensis, hujus cenobii fidelis amicus, cujus anima requiescat in sancta pace.

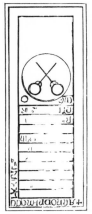

Grabstein der Pela
u. s. w.

Eine Platte mit Abtsstab und der Umschrift in gothischen Minuskeln:
Aethere sit dignus hic pausans carne Boyngus,
Abbas in euterne, qui spiram basiliense
De synodo rediens deficiebat ibi.

[Eine Grabplatte mit langer Inschrift in Hexametern. Pater Heinricus de Gernstein † 1442, ist nicht mehr vorhanden.]

Dann drei neuere Grabplatten mit großer lateinischer Schrift:

Anno domini MDCXLIII V Idus Januar. obiit F. Mattias Amman Sancte Gallensis, Helvetius, Conversus Lucellensis et Cellerarius

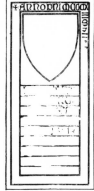

Unleserlicher Grabstein
vom Jahre 1313.

Maulbrunensis. Requiescat in pace. Amen.

Anno Domini MDCXXXV. 24. Octobris obiit venerabilis P. F. Joannes Berod, Lucellensis Professus, post restitutionem hujus monasterii Prior, cujus anima vivat Deo.

Anno Domini MDCXXXV. IVto 8bris obiit venerabilis P. F. Rudolfus Stulmiller, Lucellensis Professus et post hujus monasterii restitutionem Cellararius. Requiescat in pace.

Die Grabplatten im anstoßenden Kapitelsaale sind i. J. 1849 leider entfernt worden, es befanden sich hier von den ältesten und merkwürdigsten; nur noch ein rauhgeschaffter sandsteinerner Sarkophag ohne Deckel ist zu sehen.

Hier ruhten die Aebte Konrad III. von Thalheim († 1353), Heinrich II. von Renningen († 1402), Johann IV. von Winsheim († 1467), Albrecht V. († 1475), Heinrich von Nördlingen († 1557). Ein Abt der Restaurationszeit, Christoph Schaller aus Sennheim im Elsaß († 1642).

Dann der Abt Eggehard vom Kloster Neuburg († 1273), ein Canonicus von Speier Helfric de Dalheim (1291), ein Priester und Rechtskundiger von Speier, Anshelmus de Hergesheim († MCCC . . .), eine Schwester Mergarthis († 1276), ihre Grabplatte hatte die Inschrift:

Hujus amica domus ipsa fidelis erat.

Conferat aeternae Deus illi gaudia vitae.

Amen.

Eine Frau Ella Swrenin von Speier (1345); eine Schwester Jutida. (Soror Jutida.)

Endlich noch zwei Grabschriften, beide in gothischen Majuskeln:

Petra conditur hac Ulrich cognomine Melsag,

Terris sublatus Christo sit consociatus.

Die andere lautete:

O bonitas Christi, succurre, precor, michi tristi

Ottoni sceleratorie peccata luenti,

Cancellam regni moderans virtute potenti,

Qui vermis nunc atque cinis vocor ista legenti.

Unde pater venie veniam da te sicienti,

Me saciens, te pane fruens, in luce frequenti.

Im Mittelschiff der Kirche, vor dem Laienaltar, liegt auf dem Boden der einfache, schlanke Gedenkstein Walthers von Lomersheim. Umher steht:

Hie lit bruder walther ein fryr von lamersheim. der erste anfahn und stifter diser geistlichen sammenunge. des sel ru im friden.

Am Eingang in den Chor ist am südlichen Pfeiler der schon oben genannte keilförmige Gedenkstein Bischof Günthers aufgestellt. Der Bischof, in reich mit gothischen Stickereien gesäumtem Gewand, hält in der Linken den Bischofs-stab, in der Rechten das Evangelium, sein langlockiges Haupt ruht auf prächtigem Kissen; vom rechten Arm herab hängt ihm die reiche Stola. Unten kriecht trauben-tragendes Rebengewinde, oben steht in altgothischer Majuskelschrift:

Gunther. spiren. epc. fundator h': dom'.

Gegenüber am nördlichen Pfeiler, ohne Zweifel eine Nachbildung aus dem Anfang des 16. Jahrhunderts, ein Gedenkstein des Bischofs Ulrich, schlanker und besser gearbeitet, aber weniger ausdrucksvoll. Die Inschrift in Majuskeln lautet:

Ulricus. positus. spirens. episcopus. hic. est.

Dazwischen liegen auf dem Boden zwei Steinplatten mit schönen eingeritzten Kreuzen und spätgothischen Minuskeln:

Praesul Guntherus Pater est fundaminis huius.

Auf der andern wieder:

Ulricus positus spirensis episcopus hic est.

Von den vielen Grabplatten und Grabmälern im südlichen Seitenschiff und namentlich in den Kapellen der Kirche, die alle aus jüngerer Zeit stammen, nennen wir nur die von einigem Kunstwerth. Die ganze Reihe der evangelischen Aebte (Prälaten) liegt in der Kirche begraben.

In der zweiten Kapelle das zierliche Renaissance-Grabmal des Abtes Johann Melchior Nicolai, † 1675 (derselbe hat auch eine Grabplatte im Mittelschiff), und das des Abtes Johannes Zeller, † 1694. Auf dem Boden liegen die Grabplatten der Frau des Verwalters Mathias Bliderheuser, † 1576, und seiner Tochter, † 1581.

In der dritten Kapelle das Grabmal des Abtes Joh. Valentin Harpprecht († 1761) und des Abtes Adam Lederer († 1774). Auf dem Boden eine hübsche Platte mit großem, gut gearbeitetem Wappen mit der Inschrift: Anno 1605 den 20 januarij starb allhie die ehrn und tugentsam Maria Chastin Christof Binders Abts zu adelberg wittib. ihres alters 82 jahr. Der Gott gnädig sei.

Dann die Grabplatte des Joh. Albr. Neuffer, Bruder des Klosterverwalters, † 21 Jahre alt. 1588.

In der vierten Kapelle:

Das Grabmal des Abtes Josef Christof Weinland, † 1788, und des Abtes J. Chr. Mieg, † 1807. Auf dem Boden die Grabplatten des Prälaten Jacob Schroppius, † 1594, und seiner Frau, † 1583.

In der fünften Kapelle:

Die Grabmäler der Prälaten Hochstetter († 1748) und Schlotterbeck († 1669).

Außen bei der Nordostecke der Kirche der verstümmelte, mit schönem Kreuz gezierte Grabstein des Swiggherus de Hemertingen, als Maulbronner Mönch urkundlich genannt 1313.

Hier nun folgen die Grabsteine der **Maulbronner Aebte**, soweit sie noch in Monumenten oder Inschriften erhalten sind, die noch vorhandenen liegen alle, mit Ausnahme von zweien, bei denen es bemerkt ist, bei den Grabplatten im Kreuzgang. Die Inschriften der verschwundenen Grabsteine der Aebte, die aber von Jenisch und selbst von Klunzinger noch abgeschrieben wurden, stehen in eckigen Klammern. Wir geben sie dem Alter nach:

[Anno domini MCCCLIII die Simonis et Judae obiit dominus Conrad de Talheim, Abbas huius monasterii. cuius anima requiescat in pace. Amen. Darauf sein Bild mit einem Buch in der rechten und dem Abtsstab in der linken Hand.] Viele Schenkungen und Käufe sind unter seiner Amtsführung eingetragen.

Zum Theil noch erhalten ist der Grabstein seines Nachfolgers: Anno domini MCCCLXXIIII pridie . . . . Maii obiit dominus Bertoldus . (jetzt bei der Nordostecke der Klosterkirche). Nachdem derselbe in M. resignirt und dort einige Zeit in der Zurückgezogenheit gelebt hatte, wurde er zum Abt in Bronnbach erwählt und erwarb sich um dieses Kloster große Verdienste. Altershalber trat er auch dort außer Dienst und kehrte nach M. zurück.

> Anno milleno ter C cum septuageno
> Septimo, cum celebris crucis est inventio cunctis,
> Heu pater emoritur venerandus et hic sepelitur
> Abbas antiquus, domus huius fidus amicus,
> De Rotwil genitus. Deus hinc devote precandus
> Sedulo per fratres. Pauset cum pace Johannes.

Diese Grabschrift ist eingemeißelt in den Strebepfeiler der Nordostecke der Klosterkirche, daneben ein Abtsstab. Johann I. umgab das Kloster mit einer Mauer, auch kaufte er viele Güter von dem Adel der Umgegend an.

Sein Nachfolger Albrecht III. hat eine Grabplatte mit folgender Inschrift in gothischen Majuskeln und einem von einem Arm gehaltenen Abtsstab:

Anno domini MCCCXXXVI XV cal. jan. obiit dominus Albertus de Ruxingen, venerabilis abbas huius cenobii.

[Anno domini MCCCCII, regiminis vero sui anno XVIII, VII kalendas Augusti, obiit venerabilis pater dominus Henricus de Renningen, abbas huius coenobii. Requiescat in pace; in gothischen Minuskeln, Arm mit Abtsstab.]

Heinrich II. setzte den Güterankauf von den benachbarten Adeligen im großartigen Maßstabe fort, wozu noch Schenkungen und Privilegien kamen, ließ das Haus des Abtes und das des Verwalters umbauen und verwendete Manches zur Zierde des Gotteshauses.

Die Grabplatte (mit Abtsstab) seines Nachfolgers lautet in gothischen Minuskeln:

Bis septingentis domini septem quater annis
Abbas Albertus ex Outensham verandus,
Cum bene bis denis rexisset sex simul annis,
Junius hunc ternis dedit intumulare calendis.
Gaudeat ante deum, qui praestitit hic jubileum.
Amen.

Albrecht IV. erlangte durch Güterkauf, Schenkungen, Privilegien noch mehr als sein Vorgänger, war auch in Streitigkeiten glücklich. Die Kirchhöfe seiner Orte befestigte er möglichst gut, ließ die Klosterkirche im Jahr 1408 mit einem neuen Altar versehen, im Jahre 1424 erweitern und verschönern, damals dienten ihm die Laienbrüder Bertholt als Baumeister, Ulrich als Maler.

Die Platte seines Nachfolgers († 1430) mit Abtsstab:

Mille quadringentis domini decies tribus annis
Abbas Gerungus obiit vicena luce novembris,
De Wilperg natus, regnet sine fine beatus.

Die verstümmelte Grabplatte seines Nachfolgers, Johann II. von Gelnhausen:

Inclytus orator, abbas quandoque Johannes,
Olim magnanimus, nunc iacet exanimus.
Qui de Geilhausen oriundus, Basiliensis
Concilii missus, cepit amore Dei
Unius ad fidei cultum revocare Bohemos,
Cui lux aeterna luceat in patria. Amen.
Obiit MCCCCXLIII.

Johannes II. wurde um seiner Beredsamkeit, Gewandtheit und seines hohen Sinnes willen im Jahre 1431 auf dem Concil zu Basel damit betraut, die Böhmen in den Schoos der katholischen Kirche zurückzuführen, und unter seiner Mitwirkung kamen die Prager Compactaten, worin den Calixtinern der Kelch erlaubt wurde, zu Stande. König Sigismund ehrte 1431 seine Verdienste, indem er ihn in die Reichsmatrikel aufnahm, und Papst Eugen IV. im Jahr 1438 durch Ertheilung der bischöflichen Insignien nebst der Vollmacht, die vier niederen Weihen zu ertheilen. Er ließ das Krankenhaus in W. bauen und 1432 ein Gemälde für die dortige Kirche fertigen; legte 1439 sein Amt nieder, um frei von der Welt ins Jenseits wandern zu können.

Der Grabstein seines Nachfolgers Iohann III von Worms findet sich nicht im Kloster, wohl aber der des nächsten Abtes, Berthold III. von Roßwag, mit Abtsstab:

Abbas Bertholdus hic pausat carne solutus,

Horum qui fratrum tum rexit ovile sacratum

Annis bis octo plus quoque dimidio.

Hic docuit, monitis solitus praecedere factis.

Anno sex deno C quater Mque secundo

Discessit festo Johan Latin, Deus esto

Huic memor et gratus, ut sit sine fine beatus.

Natus de Rosswag villa.

Berthold III. ließ 1447 eine Gemälde für die Kirche und 1450 die Stiftungstafel fertigen. Nach Bruschius raffte er sich, als er die Nähe des Todes fühlte, von seinem Krankenlager auf, zog seinen weißen Festchorrock an und gieng, unterstützt von einigen Brüdern, andächtig und mit Thränen dem Allerheiligsten, welches der Cantor mit den übrigen Conventualen herbeitrug, entgegen, genoß es in tiefer Anbetung und fuhr dann hin im Frieden. Die Zahl der Mönche betrug unter ihm hundert.

[Die Grabplatte mit Abtsstab seines Nachfolgers:

Anno domini MCCCCLXVII Idus Julii obiit venerabilis pater dominus Johannes de Winsheim, licentiatus atque sacre theologie predicator assiduus, abbasque huius monasterii optimus. Unter ihm stieg die Zahl der Mönche auf 135.]

Die verstümmelte Grabplatte seines Nachfolgers:

De Bretthem genitus, saxo qui premor ab isto,

Abbatis quondam munere functus eram.

Me cedere fecit podagre noxia lues,

Nec amplius lustro patitur esse patrem.

Vos, qui transitis, requiem Nicolao precantes

Dicite sistentes: o super astra vivas!

Obiit XII Calendas Maii MCCCCLXXV.

[Die Grabplatte seines Nachfolgers:

Albertus Abbas obiit VII Cal. Junii MCCCCLXXV. Albrecht V. ließ 1473 das steinerne Krucifix in der Kirche zu W. setzen und wohnte im Juli 1474 der Hochzeit des Grafen Eberhard von Wirtenberg in Urach an.]

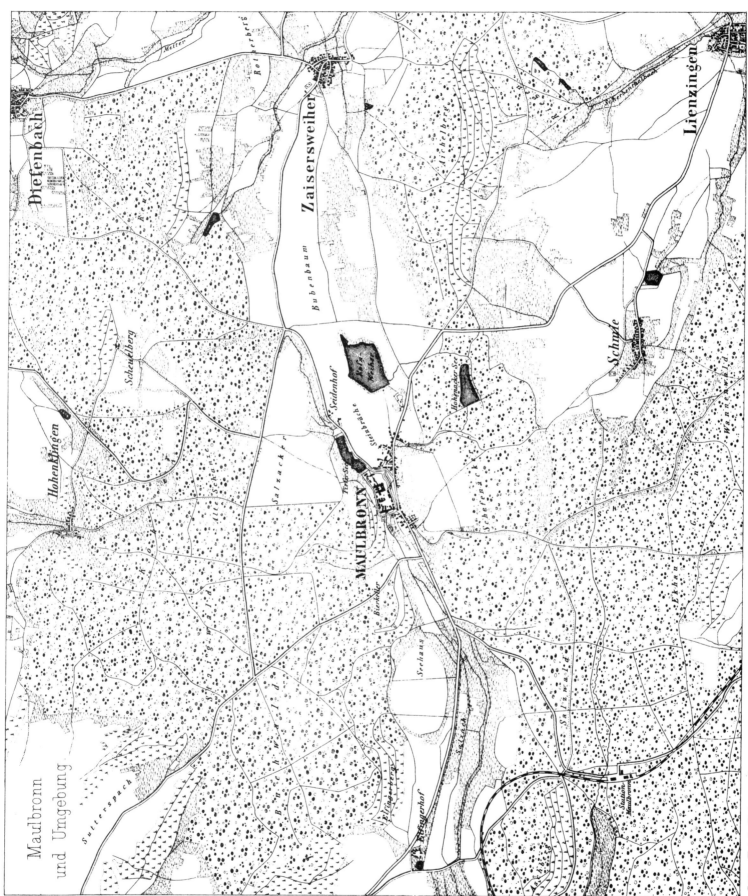

Maulbronn
und Umgebung

Diefenbach

Zaisersweiher

Lienzingen

Schmie

MAULBRONN

Maßstab – 1:25000.

Lith v Friedr Böhnert. Stuttg

Die Grabplatte mit Abtsstab seines Nachfolgers Johann V., der zweimal Abt war, 1475—1488 und im Jahr 1504 ganz kurz; sie lautet:

Anno domini MDVI XV calendas julii obiit venerabilis praesul ac dominus iohannes riescher de laudenburg, in mulbronne quandoque denuo abbas. cuius anima requiescat in pace.

Die Grabplatte des nächsten Abtes, mit Abtsstab: Anno domini MCCCCXCII obiit dominus Stephanus Otinger . cuius anima requiescat in pace.

Dann des nächsten strengen und baulustigen Abtes Johann VI., mit einem Arm, der einen reichverzierten Abtsstab hält:

Anno domini MDXXI XI calend. decembris obiit reverendus in cristo pater ac dominus dominus Joannes Burrus de Brethein, precipuus religionis amator et cultor, abbas huius monasterij bene meritus, cuius anima requiescat in pace. Auch er war zweimal Abt, 1491—1503, und 1518—1521, er ließ Parlatorium, Oratorium, Bibliotheksaal, Pfisterei bauen und 1519 den Eingang des Klosters mit einem (jetzt beinahe verblaßten) Gemälde schmücken.

Die Grabplatte des Abtes Entenfuß (1512—1518) mit Abtsstab:

Anno domini MVCXXV pridie nonas februarias obijt venerabilis dominus ioannes entenfus de ewesheim . quandoque huius monasterii abbas. cuius anima requiescat in pace. Auch unter ihm wurde viel gebaut.

[Die Grabschrift (mit Abtsstab) des letzten katholischen Abtes Heinrich III., Reuter von Nördlingen, 1547—1557, lautete:

Anno domini MCCCCLVII calend. Aug. obiit reverendus ac pius dominus Henricus de Nordlingen, abbas monasterii Maulbronn, cuius anima requiescat in pace.]

[Die Grabschrift eines Abtes aus der Restaurationszeit lautete:

Anno domini 1642 Kal. Octob. obiit, postquam eodem anno Abbatiam resignavit, admodum reverendus dominus Christophorus Schaller, ex Sennheim Alsata, Profess. Lucellensis, Prior Uterinae vallis, primus hujus monasterii 1630 iterum restituti catholicus abbas. Requiescat in pace. Amen.]

· Endlich wäre zu erwähnen das steinerne Sühnkreuz, das halbversunken an der alten Straße nach Knittlingen, da wo sie von der Maulbronnerstraße abzweigt, auf dem früheren Seedamme steht, darauf liest man in erhabener, schwer zu entziffernder Minuskelschrift, die mit der unter den Wandgemälden in der Vierung der Kirche, vom Jahr 1424, große Aehnlichkeit hat:

Von gepurt cristi als man zahlt MCCCCXXII iar uf sant leonharts tag wart hi erslagen cunrat von mulbronn . dem got gnedig sei.

Die Nebengebäude.

Wir beginnen an dem Klosterthor. Davor steht rechts an der Straße diesseits des Klostergrabens, das frühere Försterhaus, an welchem die Jahreszahl 1469 angebracht ist; zu Klosters Zeiten soll hier der Kloster-Schuhmacher gewohnt haben. Ohne Zweifel war es ursprünglich die Wohnung des Thorwarts, da gerade an dem Haus das äußerste Klosterthor stand, welches die Jahreszahl 1472 trug. Durch dieses Thor gelangte man zu der über den Klostergraben angelegten Zugbrücke, die jetzt in eine steinerne Brücke umgewandelt ist und zum zweiten eigentlichen Klosterthor führt. Ueber demselben scheint ein kräftiger Thorthurm gestanden zu sein, der später sichtlich erniedrigt und mit einem Walmdach gedeckt wurde, aber immer noch wirkt er mit seinem rundbogigen Durchgang, über dem ein Rundbogenfries hinläuft, und seinen aus Buckelquadern errichteten Mauern kraftvoll und bekundet die romanische Zeit seiner Erbauung. An dem Portal sieht man noch die Fälze, in welche die aufgezogene Fallbrücke eingriff und das Thor schloß, auch sind noch die Oeffnungen vorhanden, in denen die Ketten zum Aufziehen der Brücke liefen. Ueberdies scheint noch ein Fallrechen zunächst hinter dem Eingang angebracht gewesen zu sein, der zur weiteren Verwahrung des Thors herabgelassen werden konnte. Im Durchgang selbst sind auf beiden Seiten rundbogige Nischen, und über dem inneren Spitzbogen sieht man noch Reste jenes Wandgemäldes aus dem Jahre 1519.

Durch den Thorthurm trat man in den Vorhof, der links von der Front des Gasthauses, rechts von der Klostermauer und gegen Osten, gegen den eigentlichen großen Klosterhof hin, durch eine zweischiffige Arkadenhalle eingeschlossen wurde. Von diesem Vorhof aus trat man rechts in die erst im Jahr 1813 abgebrochene Kapelle zur heil. Dreieinigkeit, von der noch die untern Theile von reichgegliederten Fenstern und schwache Spuren ehemaliger Wandmalereien sichtbar sind. Sie war schon 1328 im Gebrauch; eine spätere an ihr angebrachte Inschrift lautete: Anno Domini 1480 sub Domino Johanne Riescher de Laudenburg; ohne Zweifel wurde sie unter diesem Abt erneuert. (Den 25. Junius 1328 stiftet der Priester Kunrad von Aldingen 56 Pfund Heller Jahreszins für zwei Weltpriester in der Kapelle zur heil. Dreieinigkeit am Thor in Maulbronn und zu einem Jahrstag für ihn selbst. Urk. im Staatsarchiv.) Solche Kapellen fanden sich nach dem Vorgang von Citeaux bei den meisten Cisterzienserklöstern, und hatten den Zweck, dem weiblichen Geschlecht, welchem mit Ausnahme von 9 Tagen zur Zeit der Kirchweihe der Zutritt in das Innere des Klosters ganz verwehrt war, die Betheiligung am Gottesdienst des Ordens zu ermöglichen. Die schöne, im frühgothischen Stil erbaute des Klosters Schönthal ist noch wohl erhalten, die in Bebenhausen wurde 1823 abgebrochen. Links beim Eintritt steht das ehemalige Gasthaus sammt Stallungen und der ehemaligen Klosterwagnerei; jetzt ist im vorderen Theil die Apotheke eingerichtet; es enthält in seiner massiven Giebelseite drei schlanke Spitzbogenfenster.

An die Apotheke grenzt gegen Osten das ehemalige Frühmeßerhaus, ein reizendes romanisches Gebäude, das noch an der östlichen Giebelseite und an der nördlichen Langseite romanische Rundbogenfenster besitzt, während ähnliche an der südlichen Langseite in geradlinige verändert wurden. An der Nordseite des Gebäudes erhebt sich in Form eines niedlichen runden romanischen Thürmchens ein Kamin mit schlanken rundbogigen fensterähnlichen Oeffnungen, die unter dem steinernen Spitzhelm herumziehen und dem Rauch den Ausgang gestatten. Das Kamin beginnt im untern Stockwerk des Hauses mit einem schön gearbeiteten spätromanischen Kaminschoß, an dem auch wieder jene Halbmondkonsolen ange- bracht sind. Zwischen dem Frühmeßerhaus und der Thorkapelle zog sich jene zwei- schiffige Arkadenhalle hin. Reste derselben, romanische Pfeiler und Bögen, er- hielten sich an der Südseite des Frühmeßerhauses; im Situationsplan, Taf. IV., ist die muthmaßliche Form der Halle einpunktiert. Durch sie, welche zugleich das innerste Thor bildete, trat man, nachdem man in der Kapelle sein Gebet verrichtet, in den eigentlichen Klosterhof.

Frühmeßerhaus mit Blick gegen das Thor.

Wir setzen unsern Weg im Innern des Klosterhofes, und zwar an der West- seite desselben fort, wo wir im Rücken der Apotheke noch den Rest der ehemaligen Klosterwagnerei treffen, unter der sich der große, sog. Elfinger Keller befindet. Das ganz massive uralte Gebäude zeigt noch auf der dem Klosterhof zugekehrten Seite den ehemaligen, jetzt zugemauerten romanischen Rundbogeneingang.

An die Wagnerei stößt die ehemalige Klosterschmiede, ein dreistockiges Holzgebäude mit steinernem Unterstock, an dem sich ein spitzbogiges Pförtchen er- halten hat.

Nach der Schmiede folgen in gleicher Flucht zwei alte aus Buckelquadern erbaute Oekonomiegebäude: von dem der Schmiede zunächst stehenden gehen unter beinahe rechten Winkeln gegen den Klosterhof hinein der ehemalige Mar- stall, jetzt Rathhaus, und der ehemalige Haberkasten. Das Rathhaus, ein langes, massives zweistockiges Gebäude mit schönen Renaissancegiebeln zeigt über einem Fenster des zweiten Stockwerks: H. P. M. Verwallter. Das Gebäude ist

Eigenthum der Gemeinde und wurde 1839 für seine gegenwärtige Bestimmung eingerichtet, früher war es auch eine Zeit lang die Amtschreiberei. Der sog. Haberkasten, ein langes zweistockiges Gebäude mit steinernem Unterstock, zeigt an der östlichen Giebelseite einen schönen Holzbau mit verziertem Balkenwerk.

An das zweite, oben genannte Oekonomiegebäude stößt nun unter einem rechten Winkel der sog. Melkerstall, auch Eichelboden genannt, und bildet die nordwestliche Ecke des Klosterhofs; es ist ein sammt dem westlich anstoßenden Hexenthurm 1441 aus Buckelquadern errichtetes Gebäude mit spitzbogigem Eingang.

An die Ostseite des Melkerstalls grenzt die großartige, ganz aus Buckel-quadern erbaute Klostermühle; ein herrliches Gebäude mit 4' 5" dicken Mauern und schönen Giebelblumen auf den spitzen Giebeln; die Mühle hat einen spitz-bogigen Eingang und einen jetzt zugemauerten romanischen und stammt, nach den häufig an ihr vorkommenden Steinmetzzeichen zu schließen, größtentheils aus der Zeit von 1424 (Umbau der Kirche).

Zwischen der Mühle und dem ehemaligen Haberkasten steht frei die ehe-malige Pfisterei, aus starkem Eichenbalkenwerk mit steinernem Unterstock er-richtet. An der gegen die Mühle gekehrten Seite ist über der Thüre auf einem Schild zwischen den Buchstaben J. B. (Johannes Burrus) ein Abtsstab und auf einem Spruchbande steht: Anno domini MDXXI, unten sieht man das Zeichen des Baumeisters Hans Wunderer. Ueber der hölzernen Thüre im zweiten Stock-werk der westlichen Giebelseite ist in den Sturzbalken ein Spruchband mit der In-schrift: Pax huic domui. Anno MDXXI schön eingeschnitten. (Maister . hans . vunderer . , wie er sich an der Sakristei zu Pfaffenhofen im nahen Zabergäu angeschrieben hat, baute diese im Jahre 1515, ebenso das Chörchen der Kirche von Zaberfeld, auch im Zabergäu gelegen, inschriftlich im Jahre 1505; damals war er, seinem Zeichen nach, schon Meister; nach Klemm, Württembergische Baumeister und Bildhauer bis ums Jahr 1750 in den Württembergischen Vierteljahrsheften für Landesgeschichte, B. V., erscheint er noch 1526 an der Südthüre der Kirche zu Mühlhausen an der Enz. Seine Werke zeugen von bedeutendem Talent.)

Beinahe in der Mitte des Klosterhofes steht frei auf der Stelle des alten Verwaltungsgebäudes das dreistockige, an den Giebelseiten vierstockige, 1742 er-baute Kameralamt.

Hinter dem Kameralamtsgebäude befindet sich das ehemalige Gesindehaus, mit der Inschrift: „1550 Hans Remer von Schmir (Schmie)"; das Innere des Hauses enthält eine achteckige Säule, an deren Kapitäl eine Rosette und ein bärtiger Kopf angebracht sind. Zunächst dabei steht die ehemalige Speise-meisterei, jetzt in Privathänden.

Wir gelangen nun wieder zu den eigentlichen Klostergebäuden und haben hier nur noch zu bemerken, daß die oberen Räume des Klosters zu Wohnungen für Professoren, Repetenten, Seminaristen und für Hörsäle u. s. w. eingerichtet sind. — Ueber dem ehemaligen Laien-Refektorium an der nordwestlichen Ecke des

Klosters wurde im Jahr 1813 das Oberamtsgericht mit der Wohnung des Oberamtsrichters hergestellt. Zunächst dabei steht ein neueres Gebäude, welches von
dem Kloster gegen Westen hinausragt und in seinem untern Stockwerk den Speise-
saal für die Seminaristen, im oberen die Wohnung eines Professors enthält; an
seiner Treppe ist ein spätgothisches Steingeländer, entnommen jener Wendeltreppe,
die vom Laien-Refektorium herauf führte.

Hinter (nordöstlich) dem Kloster steht frei, dem Herrenhaus gegenüber, das
ehemalige, 1588 erbaute herzogliche Schloß, jetzt Oberamtei und Wohnung
des Oberamtmanns, ein zweistockiges, auf den Giebelseiten vierstockiges, im einfachen Renaissancestil gehaltenes Gebäude, das an beiden Ecken der Vorderseite

Klostermühle.

von runden Thürmen, deren spitze Dächer über das Hausdach hinausreichen,
flankirt wird; überdies ist in der Mitte des Gebäudes, an der Vorderseite ein
schlanker, thürmchenähnlicher Aufbau mit Renaissancebedachung angebracht. Ueber
dem wohlverzierten Eingang steht die Inschrift: Mandato illustriss. princip. D.
Ludovici ducis a Wirtemberg erecta est haec domus sub abbate Jacobo
Schroppfio Vaihingensi anno 1588. Oben an der östlichen Giebelwand: Hans
Marx Neiffer Verwalter alhie anno 1588. Die gleiche Jahreszahl steht auch an
der nordöstlichen Ecke und über der Thüre in das Arbeitszimmer des Oberamtmanns. Eine Mauer des ehemaligen Klosterzwingers, jetzt Oberamteigartens,
enthält das gut gearbeitete herzogl. Württemb. Wappen mit der Jahreszahl 1562.

Von hier hinüber an die östliche Klostermauer treffen wir das ehemalige
Pfründhaus, als nosodocheum, in welchem arme Kranke, wohl auch praeben-
darii (Pfründner) Aufnahme und Pflege fanden, 1430 von Abt Johann II. erbaut. Das großartige, dreistockige, übrigens sehr vernachlässigte Gebäude zeigt
malerisch-reichen Holzbau mit vorstoßenden Stockwerken und steinernem Unter-

ſtock; es enthält neben Privatwohnungen im Erdgeſchoß noch eine Badeinrich-
tung. Innerhalb des Gebäudes führt eine ſchön gehaltene gothiſche Thür in
den Keller.

Das jetzige Schulhaus, früher die Behauſung des Hof- und Weingart-
gartmeiſters, worauf auch die an der Ecke angebrachte Traube hinweiſt, ſteht
bei der Vorhalle der Kirche an der ſüdlichen Kloſtermauer.

Zunächſt (weſtlich) an dem Schulhauſe erhebt ſich, ebenfalls an der ſüdlichen
Kloſtermauer, der Fruchtkaſten mit Kelter und einem ſehr ausgedehnten
Keller, ganz aus Stein gebaut und mit uralten Mauern, die noch ſchmale, ge-
doppelte, meiſt zugemauerte Spitzbogenfenſterchen aus der Uebergangszeit enthalten.
An der Südwand ſteht über einem der geradgeſtürzten oberen Fenſter: Mathias
Bliderheiſer Verwalter 1580; die gleiche Jahreszahl kommt noch zweimal an dem
Gebäude vor und verräth die Zeit, in welcher dieſer großartige, aus dem Anfang
des 13. Jahrhunderts ſtammende Bau eine bedeutende Veränderung erlitt.

Weſtlich von dem Fruchtkaſten gelangen wir endlich an die ehemalige Küfer-
meiſterei, jetzt Privatwohnung; das hübſche Gebäude wurde an der Nordſeite
moderniſirt, während ſich die öſtliche Giebelſeite mit ihrem ſpitzbogigen Eingang
und ihren ſpitzbogigen Fenſtern noch ziemlich unverdorben erhalten hat; auch die
weſtliche Giebelwand enthält noch zwei Spitzbogenfenſter. Von dieſem Gebäude
kann man auf den Umgang der ſüdlichen Kloſtermauer gelangen.

Außer den angeführten Gebänden ſind innerhalb der Kloſtermauer noch
einige Privatwohnungen und kleinere Nebengebäude.

Der ganze Gebäudekomplex nebſt ſehr ausgedehntem Kloſterhof und einigen
Gartenanlagen iſt von einer ſtarken Mauer, die Umlauf und Zwinger hatte, und
einem tiefen, ausgemauerten Graben, an deſſen Außenſeite eine zweite (jetzt abgebrochene) Mauer lief, umfangen; der Graben konnte mittelſt Schwellung der
Salzach ganz unter Waſſer geſetzt werden. An der inneren Kloſtermauer ſtanden
zur weiteren Befeſtigung Thürme, von denen ſich außer dem ſchon beſchriebenen
Thorthurm noch folgende erhalten haben:

1) Der ſüdöſtliche Eckthurm der Kloſtermauer, ſehr maleriſch, und von Epheu
umrankt, welcher 1604 in einen Luſtthurm verwandelt wurde und gewöhnlich der
Fauſtthurm genannt wird, weil auch hier nach der Volksſage Dr. Fauſt ſein
Weſen getrieben haben ſoll; urſprünglich ein kräftiger viereckiger Vertheidigungs-
thurm, zu dem man auf dem Umgang der Kloſtermauer gelangen konnte. Laut
Inſchrift wurde ihm im Jahr 1604 ein rundes Treppenthürmchen angebaut und
ein hölzerner Aufbau mit geſchweiftem Bohlendach aufgeſetzt.

2) An der nordweſtlichen Ecke der Kloſtermauer ſteht der viereckige, ganz
aus Buckelquadern erbaute Hexenthurm, auch Haſpelthurm genannt; er iſt
mit dem auf ihm ſitzenden vierſeitigen Zeltdach etwa 100′ hoch und hat im unteren
Stockwerk 12′ dicke Mauern, die ſich gegen oben zu einer Dicke von 8′ verjüngen.
Etwa 50′ über der Erdfläche befindet ſich ein rundbogiger Austritt und über dem-
ſelben im vierten Stockwerk läuft ein Rundbogenfries hin. Von dem Umlauf auf

der Klostermauer gelangte man zu dem Eingang in den Thurm. An der nord-westlichen Ecke des Thurmes ist folgende Inschrift scharf eingehauen:

Anno domini MCCCCXLI opus hoc cum domo contigua patratum est sub domino Johanne de Wormacia, huius monasterii Abbate.

3) Der viereckige nicht hohe Mühlethurm bei der Klostermühle.

Endlich ist noch eines Thurmes und eines Thürmchens (Halbrondel) zu er-

Hexenthurm.

wähnen, die sich halb zerfallen im Oberamteigarten befinden und ohne Zweifel zur Vertheidigung des an der Nordostseite in den Klostergraben führenden Thores dienten, und des Rumpfes eines viereckigen, auch aus Buckelquadern aufgeführten Thurmes an der Südseite, da wo jetzt die Straße hereinzieht.

Abgegangen ist zu Anfang dieses Jahrhunderts der Judenthurm und und der gleichfalls an der äußersten Klostermauer gestandene Eselsthurm, ein Thorthurm, über dessen Durchgang ein Maulesel in halberhabener Arbeit ange-bracht war, daher sein Name.

Außer der starken inneren Befestigung um das Kloster bestand nämlich noch eine Mauer außerhalb, die einen namhaften Theil der nächsten Umgebung des Klosters einschloß; dieselbe lief oberhalb der Klosterweinberge hin, weiter über den Damm am tiefen See bis zum Judenthurm, von da hinunter gegen die Landstraße, wo sie zum Theil noch sichtbar, weiter am Eselsthurm vorbei bis zu der sog. Schießmauer und oberhalb der Kapellengärten hin bis zum Klosterthor; hier schloß sie sich den inneren Befestigungen des Klosters an und, diese beim Hexenthurm wieder verlassend, lief sie wieder die Klosterweinberge hinauf. Die Figur dieser äußersten Umfriedigung nähert sich einem Quadrat.

Das vollständige Klosterwappen ist: Ein Zwerchbalken mit rothen und silbernen Rauten durchschneidet den quartierten Schild nach links. Im ersten Quartier ist ein Brunnen auf Gold, im zweiten und dritten ein schwarzes Feld, das vierte Quartier hat im ersten und dritten Viertel einen silbernen Fisch auf Gold, im zweiten und dritten eine goldene Krone mit goldenem Kreuz auf blauem Feld. (Chorographie von Württemberg, 2. Theil 1591, von David Wolleber. Manuscr. der öffentl. Bibliothek in Stuttgart.)

Tafel IV. gibt im Grundriß a) sämmtliche Klostergebäude innerhalb der Ringmauer:

1) Thor. 2) Ehemalige Dreifaltigkeitskapelle, jetzt Ruine. 3) Gasthaus und Stallungen, jetzt Apotheke. 4) Frühmeßerhaus, mit Ansätzen des innersten Thores. 5) Wagnerei. 6) Schmiede. 7) Oekonomiegebäude. 8) Hexenthurm. 9) Melkerstall. 10) Klostermühle sammt Mühlethurm. 11) Pfisterei. 12) Haberkasten. 13) Marstall (jetzt Rathhaus). 14) Speisemeisterei. 15) Gesindehaus. 16) Kameralamt, erbaut 1742. 17) Küferei. 18) Fruchtkasten und Kelter. 19) Weingartmeisterei. 20) Kirche. 21) Sakristei. 22) Vorrathskeller der Laienbrüder, oben Winterspeisesaal. 23) Refektorium der Laienbrüder, oben einst die Wohnung derselben. 24) Küche. 25) Herren-Refektorium. 26) Kalefaktorium (Wärmstube). 27) Kreuzgang mit Brunnenkapelle. 28) Kapitelsaal mit Johanniskapelle. 29 und 30) Ehem. Bruderhalle. 31) Großer Keller der Mönche, oben Dorment derselben. 32) Parlatorium, oben Oratorium. 33) Ehem. Abtswohnung, später Prälatur, Ruine. 34) Herrenhaus. 35) Herzogliches Schloß. 36) Pfründhaus (Krankenhaus). 37) Faustthurm. 38) Scheerbrunnen im früheren Herrenkirchhof. b) Außerhalb der Ringmauer: 39) das frühere Klosterwirthshaus, jetzt Gerberei, das, schon im Jahr 1504 von den Pfälzern verbrannt, bald wieder aufgebaut wurde und noch alte Reste in sich birgt. 40) Haus des Thorwarts am jetzt verschwundenen äußersten Thor.

Zur Vergleichung geben wir eine ideale Vogelperspektive von Maulbronn und (nach Viollet le Duc) eine Vogelperspektive des im Jahr 1098 gegründeten Klosters Citeaux, des Ausgangspunktes des Cisterzienserordens, weil dasselbe große Aehnlichkeit mit der Anlage von Maulbronn zeigt. Durch das äußere Thor (O) trat man in Citeaux in den Vorhof, an den links die Kapelle (D) stößt, und dann durch das innere Thor (E) in den Haupthof (A). Dies Alles scheint in Maulbronn ganz ähnlich gewesen zu sein; am Frühmeßer-

Brunnenkapelle.

Aeußere Ansicht.

Brunnenkapelle.
Innere Ansicht.

hause sieht man ja noch die vermauerten (romanischen) Rundbögen und Ansätze zu dem einst gegen die Dreifaltigkeitskapelle hinziehenden Thor. Neben dem inneren Thor breiten sich auf dem Plan von Citeaux die Stallungen (F) aus, welche in Maulbronn auch in dieser Gegend, bei der Schmiede und Wagnerei, sich be-
fanden. — Wandern wir zur Kirche (N), so überrascht auch hier große Aehnlich-keit, nur lagen bei Citeaux die um den Kreuzgang gruppirten Klostergebäude auf der andern Seite, der Südseite. Von der Westfassade der Kirche strecken sich, wie in Maulbronn, lang hin die Vorrathskeller und die Wohnungen der Laienbrüder (G), an die sich in Citeaux die Behausung für den Abt und seine Gäste (H) anschloß; nun folgt, wieder ganz wie in Maulbronn, die Küche (J), daneben das Refektorium (K) und die ins Dormitorium (M) führende Treppe (L); weiter die Zellen der Abschreiber (P) und die Biblio-thek darüber; — endlich, getrennt vom übrigen Kloster, das Krankenhaus (R), in Maulbronn gewöhnlich das Pfründ-haus genannt.

Oberer Theil des Klosterbrunnens, früher vor der Oberamtei.
(Nach Skizze von Prof. Conr. Dollinger.)

Entstehungszeiten.

Nachfolgend geben wir die durch Urkunden oder Inschriften (dann mit einem * bezeichnet) festgestellten Bauten und Kunstwerke des Klosters:

Um 1147 Anfang des Baues der Abtei.

1178 Einweihung der Kirche.

Um 1201* Bau des Kellers und des Laienrefektoriums.

Um 1300* Bau des Westflügels des Kreuzgangs.

Vor 1328 Kapelle am Thor.

Um 1361 führt Abt Johann von Rotweil († 1377) eine Ringmauer um das Kloster.

Vor 1377* meißelt derselbe seinen Namen in eines der romanischen Fenster der Bruderhalle.

Nach 1384 Umbau des Abtshauses und Haus des Verwalters.

1422* Sühnkreuz am alten Knittlinger Weg.

1424* Wölbung des Hauptschiffes und der Seitenschiffe der Kirche, Anbau der zehn Kapellen, Dachreiter, Gemälde des Meisters Ulrich.

1430 Pfründhaus.

1432* Ein Altargemälde (beschädigt, jetzt in der Bibliothek).

1441* Hexenthurm und das Haus daneben.

1444* werden mehrere Gemälde in die Kirche gefertigt, von denen noch schwache Ueberbleibsel in der jetzigen Sakristei.

Kloster Maulbronn.

1450* Stiftungstafel.

1469* Haus des Thorwarts.

1472* Thörlein vor dem Kloster (abgebrochen).

1473* Großer steinerner Krucifixus in der Kirche.

1479* Vorbau an der Westseite des Klosters.

1480* Erneuerung der Kapelle am Thor, zum größten Theil 1813 nieder-
       gerissen, Inschrift verschwunden.
1493* Wendeltreppe im Parlatorium, und Gemälde an der Stiftungstafel.
1495* Konsole im Oratorium.

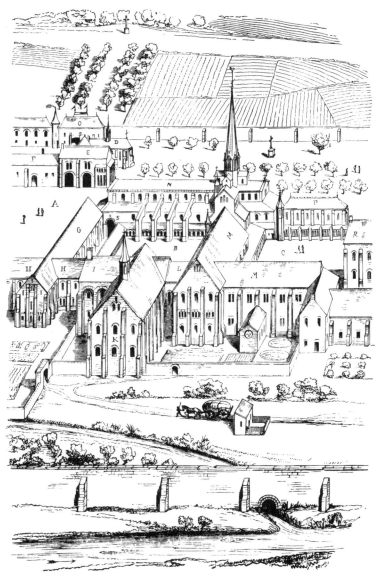

Kloster Citeaux.

1497* Thüre am ehemaligen Abtshaus.
1501* Die beiden Steinbaldachine in der Kirche, und Schleuse am tiefen See.
1510* Renovation des Chorbogens.
1511* Wiederausmalung des Gewölbes der Brunnenkapelle.
1512—18 Winterspeisesaal, Erker und Saal im Herrenhaus, Fürstengemach
       und Herrenbad.
1517* Wendeltreppe am Herrenhaus.

1519* Gemälde am Thor (Jahreszahl jetzt vergangen).

Um 1520 Bibliothekſaal.

1521* Pfiſterei.

1522* Wiederausmalung der Gewölbe des Paradieſes.

1550* Geſindehaus.

1580* Aufbau des Fruchtkaſtens.

1588* Herzogliches Schloß.

1604* Treppenthürmchen am Fauſtthurm.

1616* Renovation der Stiftungstafel. (ſ. auch den Anhang.)

Inſchriftlich beglaubigte Baumeiſter ſind Hermannus (nach 1150), Prior Walther mit Roſenſchöphelin und Gotſchlag (um 1300), Laienbruder Bertholt (1424), Laienbruder Conrad von Schmie (1493), Bruder Auguſtin (1517), Hans Wunderer von Pfaffenhofen (1521), dieſer durch ſein Zeichen, und Hans Remer von Schmie (1550); Maler Meiſter Ulrich (1424); Bildhauer C. V. S. (1473). Von Glockengießern iſt der älteſte Cunrat von Fulda, dann Conrad Gnoczhamer von Nürnberg (1440), der noch verſchiedene Glocken für unſer Land goß, und Peter zur Glocken von Speier (1506). Die erſte Minuskelſchrift erſcheint 1402, die letzte Majuskelſchrift (auf Grabſteinen) 1387, die erſte arabiſche Ziffer 1432.

Weder durch Urkunden noch durch Inſchriften genau beſtimmt ſind die Bauten des Uebergangsſtils, Paradies (erſtmals urkundlich, und zwar als „Paradies", im Jahr 1288, Urk. im Staatsarchiv, genannt), Herrenrefektorium und Südflügel des Kreuzgangs, aber ſie müſſen dem Stile nach, wie auch, wenn wir von der an der Weſtſeite des Kloſtergebäudes erhaltenen Inſchrift, mit 1201, ausgehen, ganz in die erſte Hälfte dieſes Jahrhunderts fallen; um 1250 ſcheint nach heftigem Baudrang eine Erſchöpfung eingetreten zu ſein (vgl. auch oben im Geſchichtlichen, in den Jahren 1244 und 1257 wird von Geldarmut im Kloſter berichtet); bis dann gegen das Ende des 13. Jahrhunderts mit dem Kapitelſaal und dem inſchriftlich durch Prior Walther errichteten Weſtflügel des Kreuzgangs das Bauen wieder eifrig betrieben wird, und zwar im edelſten frühgothiſchen Stil.

Ueber die Zeit der Errichtung der ſchönen Brunnenkapelle und Vollendung der übrigen Kreuzgangstheile wiſſen wir ebenfalls Nichts, doch weiſt ihr Stil in die Mitte des 14. Jahrhunderts. Beſtimmtes erfahren wir erſt wieder im Jahre 1424, beim Umbau der Kirche; für Chorſtühle und Abtsſtuhl fehlen wieder alle Nachrichten, ſie deuten in die Mitte des 15. Jahrhunderts, von wo an bis zum Schluſſe faſt ſämmtliche Werke und Bauten datirbar ſind.

Die Kloſterſeen.

Rings um das Kloſter, wo nur irgend ein Bach geſchwellt werden konnte, waren Weiher, oft von bedeutender Ausdehnung, angelegt, von denen jetzt noch vier ſich vollſtändig erhalten haben.

Gerade oberhalb des Kloſters liegt, namhaft höher als der Fuß der Kloſtergebäude, der 8 württembergische Morgen (1 w. Morgen = 0,3152 Hektar) große tiefe See; sein Abfluß, die Salzach, ist mit einer Schleuse versehen, welche die Inschrift trägt: Sub Domino Johanne Burrus de Brethein Abbate. Anno Domini MDI. Derselbe geht durch den Klostergraben, theils in unterirdischen Kanälen durch das Kloster, wo er die Klostermühle treibt, und kann mittelst angelegter Schleusen in die ihm angewiesenen Rinnen geleitet werden. Auf Taf. IV sind diese unterirdischen Kanäle eingezeichnet, die punktirten bedeuten die neuen, im Jahr 1881 angelegten.

Höher noch, östlich vom tiefen See, dehnt sich der große, 36, früher 50 Morgen umfassende obere See oder Roßweiher, schwermüthig auf freier Feldfläche liegend. Unterhalb von ihm war früher ein kleinerer, einige Morgen großer. (Wir entnehmen diese und die unten folgenden Angaben Johann Oetingers Manuskript „Landbuch des Herzogthumbs Würtemberg" vom Jahre 1624.)

Dann liegt eine schwache Viertelstunde südöstlich vom Kloster, ganz im Walde, der 7—8 M. bedeckende Hohenacker See. Gleich unterhalb des Klosters reihte sich im Salzachthale Weiher an Weiher, von denen die beiden obersten, der Gartensee mit über 5 M., und ein weiterer über 8 M. großer See jetzt zum größten Theile ausgetrocknet sind; dann kamen drei kleine Seen, von denen der größte 2 M. betrug, und weiterhin der jetzt ganz eingegangene 26 M. große Gerhardsweiher und der beim Elfinger Hof gelegene, einst über 36 M. umfassende, erst im Jahre 1865 bis auf einen Teich ausgetrocknete Elfinger See. Aber unterhalb des Hofes streckt sich der Aalkistensee hin, der größte von allen, mit 52 Morgen, und endlich war noch ein verborgenes, nordwestlich vom Kloster liegendes Waldthal oben zu Weihern geschwellt. — Von diesen Seen, die in Stufen über einander lagen (der Spiegel des Roßweihers liegt mehr als 200 Fuß über dem des Aalkistensees), gieng ein weise vertheiltes Netz von Bewässerungsgräben aus, von denen sich noch Spuren auffinden lassen.

Kunstgeschichtliche Quellen.

Stellen wir noch zum Schlusse die wichtigsten kunstgeschichtlichen Werke über Maulbronn der Zeit nach zusammen:

Aufzeichnungen des Archivar Rüttel, vom Jahre 1625, im K. Staatsarchiv zu Stuttgart (s. Anhang).

Monumenta Monasterii Mulifontani primum collecta et delineata labore Eberh. Frid. Jenisch, Al. Mulif. Anno 1769 mit Zeichnungen. Manuskript in der Ephoratsregistratur in Maulbronn.

Das Würtenbergische Closter Maulbronn, beschrieben von M. Andreas Gottlieb Hartmann, Pfarrer zu Eberdingen. Anno 1784 mit Zeichnungen. Manuscript in der Bibliothek des K. statistischen Landesamts in Stuttgart.

Das für Maulbronn bahnbrechende Werk, Fr. Eisenlohr, Mittelalterliche Bauwerke in Südwestdeutschland und am Rhein, Cisterzienserkloster Maulbronn, mit 30 Tafeln und Artistischer Beschreibung von K. Klunzinger. 1853; letztere in vierter Auflage erschienen, München, 1861. Ferner K. Klunzinger, Urkundliche Geschichte der vorm. Cisterzienserabtei Maulbronn, Stuttgart, 1854.

Wegweiser durch das Kloster Maulbronn, von J. u. P. Hartmann, Stuttgart 1864, zweite Aufl. 1875.

Beschreibung des Oberamts Maulbronn, herausgegeben vom K. statistischen Landesamt, Stuttgart 1870.

Außerdem wurde Maulbronn vielfach besprochen in den Kunstgeschichten Schnaase's, Otte's, Kugler's, Lübke's, von letzterem noch besonders in Fahrt durch Süddeutschland, deutsches Kunstblatt, 1855, in H. Leibnitz, die Organisation der Gewölbe im christlichen Kirchenbau, Leipzig, T. O. Weigel, 1855, W. Lotz, die Kunsttopographie Deutschlands, B. II., Cassel, 1863, R. Dohme, die Kirchen des Cisterzienserordens in Deutschland während des Mittelalters, Leipzig, Seemann, 1869. — Abbildungen in Kallenbach's Atlas zur Geschichte der deutschen Baukunst, München, 1847, ferner in Kallenbach u. J. Schmitt, die christliche Kirchenbaukunst des Abendlandes von ihren Anfängen bis zur vollen Durchbildung des Spitzbogenstyls (1850), E. Förster, Denkmäler der Deutschen Baukunst, B. VII. (1861) und (von Essenwein) in Mittheilungen der K. K. Centralcommission zur Erforschung und Erhaltung der Baudenkmale, IV. Jahrgang, Wien 1861, und endlich in den Jahresheften des württemb. Alterthumsvereins, H. VIII., Aufnahme des Abtsstuhls von C. Beisbarth.

Zur Vergleichung: Die Cisterzienser-Abtei Bebenhausen, bearbeitet von Dr. Eduard Paulus unter Mitwirkung von Professor Dr. Heinrich Leibnitz in Tübingen und Forstrath Dr. F. A. Tscherning in Bebenhausen. Herausgegeben vom Württembergischen Alterthumsverein. Mit 20 Tafeln in Stein-, Licht- und Farbendruck und 225 Holzschnitten nach Aufnahmen und Zeichnungen von Eugen Macholdt, unter Mitwirkung von Max Bach, A. Beyer, Ernst von Hayn, Heinr. Leibnitz, Georg Losen, Robert Stieler, A. Wolff. — Stuttgart, Paul Neff. 1886.

Schlußwort.

Werfen wir noch, vor dem Scheiden, einen Blick über das Kloster hin; klar und bestimmt, ja in diesem engen Rahmen fast erschöpfend, zeigt es uns die Entwicklung, das Wachsen, Blühen und Ausblühen der Baukunst des Mittelalters. — Eine stattliche Reihe genannter und ungenannter Meister setzen ihr Bestes ein; vom halbmythischen Meister Hermannus (nach 1150) bis hinab zu Hans Remer von Schmie (1550). Vierhundert Jahre lang haben hier, fern von der friedlosen Welt, gottergebene Männer in tiefer, oft über ein Leben ausgedehnter Muße gebaut, gemeißelt und gemalt, — so daß es kein Wunder, wenn wir im Einzelnen die Fülle des Sehenswürdigen nie ganz bewältigen, bei jedem Besuch, offen am Weg liegend oder dämmrig versteckt, wieder neue Schönheiten finden.

Wir sehen die starren rechtkantigen Massen der noch ungetrübten romanischen Baukunst, die flüssige, schwungvoll bewegte Formenwelt des Uebergangs, entstanden durch plötzlich aus der Fremde (Frankreich) herüberdringenden Hauch, der die

Glieder löft und belebt; ordnungslos eine Zeit lang, dann aber ruht in fich felbft, in fiegftolzer Kraft, die blühende Gothik. Wir fehen fie matt und derb werden und wieder die luftigen fpätgothifchen Hallen, über deren hartrippige Gewölb= mafchen eine fchon in die Renaiffance hineinfpielende Malerei fich fröhlich mildernd ergießt — und nimmer, auch bis zum letzten Bauwerke nicht, verläßt fie der malerifche Reiz, der geheimnisvolle Zauber gedrängt einfallenden Lichts und ein= fach=fchöner Verhältniffe.

Man lernt hier mühelos im Anfchauen das Entftehen und Vergehen der Formen; nehmen wir nur das Fenftermaßwerk und die Säule. Jenes urthüm= lichft am Laienrefektorium (um 1201): zwei tiefeingefchrägte Rundbogenfenfter dicht neben einander, darüber ein ebenfo tiefes Rundfenfter; urthümlich auch noch, genial bewegt und befangen zugleich, erfcheinen, mit eingezwängtem Rund, die Kleeblatt= fenfter des Paradiefes, fchon ein Bogen (noch ein halbrunder) darüber; immer noch etwas fchwer, aber voll edelften Lebens, die prächtigen Fenfter des weftlichen Kreuz= gangsflügels: zwei leicht gefüllte Bögen und eine große Fünfblattrofette, von einem Spitzbogen überfpannt und noch durch die Steinwand gefchieden, während an den Arkadenfenftern des Kapitelfaals Alles in Maßwerk fich löft, ftreng noch, aber voll Anmuth. Bis hieher keine Pfoften, nur Rohrfäulen oder Säulen mit ange= fetzten Dreiviertelsfäulchen; mit dem Eindringen der Pfoften (mit vorgefetzten Rund= oder Birnftäben) wird das Maßwerk noch reicher und freier, aber felten mehr fo rein; dies zeigen die Fenfter des Nord= und Oftflügels des Kreuzgangs und die riefigen Prachtfenfter des Chors; dann fallen die Rundftäbe ab, nackte Pfoften verzweigen fich großlöcherig und breit in den Fenftern der um 1424 an die Kirche angefetzten Kapellen, oder reizender wieder in den Fifchblafenmuftern der fpäteften Bauten zu Ende des 15. Jahrhunderts.

Die Säule, erft als Halb= oder Viertelsfäule gebunden an den rechtwink= ligen Pfeiler, am Hauptportal fogar in deffen Kämpferwulftung hineingezwungen, wird in der Kirche fchon freier als Halbfäule und als Eckfäule in den Querfchiff= Kapellen mit eigenem Kapitäl (Würfelknauf). Von 1200 an bricht auch fie alle Feffeln, prangt edel und feft als Doppelfäule im Laienrefektorium, als hohe ge= wirtelte Rundfäule die Mitte des Herrenrefektoriums entlang und führt nun fofort in diefem und dem Südflügel des Kreuzgangs an den Wänden ein Leben auf eigene Fauft. Rohrfäule wird an Rohrfäule gehäuft, an die Mauern geklebt, ja fogar bis in die Gewölbe hinaufgefchoben — dagegen erfcheint im freudigften Gleichgewicht diefe fchönfte Geftalt der Baukunft (die Säule nämlich) in dem gleich= zeitigen Paradies und weiter in dem erft um 1300 erbauten Kapitelfaal und den übrigen Kreuzgangsflügeln, allein oder als Bündelfäule die Stern= oder Rippen= kreuzgewölbe tragend. Dann verfchwindet fie ganz im Pfoftenwerk der Spätgothik, um beim Erlöfchen derfelben, zu Beginn des 16. Jahrhunderts, zurückgehend auf den romanifchen Stil, im Entenfußfaal als hohe, mit gothifchem Stab= und Blumen= werk umflochtene, eigenthümlich fchöne Würfelknauffäule noch einmal aufzutauchen.

Wechfelvoller noch als die Säule und ihre Verwendung ift die Form ihres

Kapitäls; den Würfelknauf mit glatten Schildern, oder diese mit Sternchen, Rosettchen, Blättchen geschmückt, begleitet der schwere, von Sailen umschnürte, von kurzem antikisirendem Akanthus oder bescheidenem Rebengewind umhüllte. Mit der Stilwendung um 1200 kommt ohne Vermittlung die Kelch- oder umgestürzte Glockenform auf, überzieht sich mit maureskem Akanthus und keck hinausgreifenden Blätteraufrollungen, stark stilisirt, phantasievoll und prächtig; dann in der Frühgothik, und gerade in Maulbronn wunderbar schön und merkwürdig reich, mit einem Zierwerk, das den verschiedensten wildwachsenden Pflanzen streng nachgebildet wurde, im Lauf des 14. Jahrhunderts immer loser und lockerer wird, bis es im 15. vollends verschwindet. — Aehnliche Wandlungen des Laubwerks zeigen die so zahlreichen und meist ganz herrlichen Schlußsteine, nur daß an ihnen beim

Ostflügel des Kreuzgangs.

Loserwerden in den Lücken figürlicher Schmuck, erst Thier-, dann Menschengebilde, sich vordrängt und schließlich unbestritten die ganze Stelle behauptet.

Wie im Besonderen, so gibt auch im Großen Stil und Stellung der verschiedenen Bauwerke immer neue stimmungsvolle Einblicke, überraschende Durchsichten, malerische Gruppen; und dabei sind diese Bilder der Kunst meistens nicht allein, sondern unauflöslich verknüpft mit denen der Natur und prägen sich deßhalb um so unauslöschlicher in die Seele; sei es, daß wir Rast halten unter den Linden, vor uns die Vorhalle mit den rohrschlanken Säulen, im Garten des Kreuzgangs wandeln bei blühenden Rosenbüschen und dem Gemurmel des dreischaligen Brunnens oder im großen Ephoratsgarten unter rauschenden Wipfeln am epheuumsponnenen Faustthurme träumen, bestaunend den Ernst der Kreuzarme der Kirche, oder daß wir einsam im Abendroth über dem Spiegel des tiefen See's nur noch die Spitzen des Klosters auftauchen sehen. Am schönsten im Herbst, wenn die Blätter fallen und die Vergänglichkeit des Naturlebens zusammenstimmt mit dem Geist, der diese von der Zeit verlassenen Hallen in sanfter Wehmuth durchflüstert.

Anhang.

1) Aus den Aufzeichnungen des Archivar Rüttel vom Jahr 1625, im K. Staatsarchiv, mitgetheilt von Dr. Giefel.

In dem chor

wann man zu dem vor alters alda geftandnen hohen oder frohnaltar hat gehen möllen, ift uf der rechten feiten ein gar hoh und brantes mit farben in glaß fchön gefchmelztes fenfter, darin von oben herab allerhandt hayligen, wie auch die jungfraw Maria, unden hero als zu underft des fenfters fteht uf der lincken hand anzufehen deß Cifterzerordens wappen, namlich ein grawe gugel oder Cappucinermünchs Kappen, daran deß ordens rot und weiße abgetheilte wecken, uf einem befchloffenem helm: der fchilt ift graw, darein deß ordens rot und weiße wecken von unden biß obenhinauf zwerchsweiß fteht. Vor difem wappen fteht ein abt mit eim buch und ftab. Uf difen kompt ein bifchof mit eim ftab, hebt und greift mit der einen hand an des clofters ein theil. Vor ihme fteht das leiningifche gräfliche wappen mit einer cron uf befchloßnem helm (wie fie dahmahl gebreuchlich und noch von nyemandt ein offen helm mit fcharniern geführt worden), in dem quartierten fchilt oben ein weiß creutz im blawen feld, darneben im andern theil drey weiß adler im blawen feld, wölche beede auch unden deß fchilts mit umbgewechfelten ortern ftehen.

Zum dritten beßer gegen der rechten knühet ein gantz geharnifchter ritter, hebt das clofter auch mit den händen über fich, alß ob dife beed der darob ftehenden jungfraw Mariae und andern hailigen difes clofter ybergeben und aufopfreten. Vor difem ritter fteht fein wappen, uf der helmdeckin fo blaw ftehen zway widershörner, deren das erft rot, das ander gelb. Der helm ift auch ein befchloßen ftechhelm. Der fchilt ift halbiert, deßen obertheil in fiben langlechte fparia mit rot und gelben farben eins umb das ander abgetheilt. Das Undertheil des fchilts ift gantz blaw. Hinder diefem ritter ift wider ein apt mit feinem ftab, hinder ihme ein wappen uf bloher helmdeckin zwuo gelber feul, uf ieder ein pfawenfedernbufch, das helmlin befchloßen, der fchilt blaw, darin ein gelber uffteigender löw.

In der capell, darinnen des aptes Iacob Schropp fein grabftein, ift ein tafel in deßen medio gemahlt wie S. Iohannes in öl gefotten und mit einer fchapfen mit öl über den kopf gefchüttet wirt und darneben Bartholomeus der apoftel lebendig geschunden wirt. Oben darauf ist in eim täfelin ein crucifix mit Johanne und Maria, darunder die jahrzahl 1443,

halfet in der höhin . . . . 7 werckschuoh,
in der längin oder braitin . . . . 9 schuoh.

Ist meins erachtens nahend das schönste gemäld.

Im eingang bey der großen viereckenden thür uf der seiten oder reigen der rantzel nicht weit vom gantz steinin crucifix sein zwuo aneinander gestuckte tafel, und man vermeint, es seye nur eine, deren die eußere am gang, an wölcher flügel ußen an dem einen S. Chilianus (welcher der erst bischof und patronus des bistumbs Wirtzburg gewesen), an dem andern S. Burcardus, welcher ein fahnen mit limpurgischem schilt, inwendig in medio der tafel, wie Christus am ölberg betet und seine jünger schlafent.

Dise halt { in der höhin . . . . 7 schuoh,
in der lengin sampt ausgespannten flügeln 8½ schuoh.

Die ander tafel so daran gestuckt hat dopplete blinde flügel, in dem medio sein zu roß und fuoß geharniste Kriegsleut, so etlich hayligen umbbringen und erschlagen. In medio steht einer mit einer weißen fahnen, darin drey schwartzer mohrenköpf.

Dise halfet in der höhin . . . . 4 schuoh 10 zöll,
die längin oder braitin . . . . 8½ schuoh.

Under der frödensteinischer borkirch

ist ein tafel, in deren medio ist S. Catharina und ein bischof (deßen nahmen ich wegen der dunckele nicht sehen können).

Uf dem flügel gegen der rantzel ist gemahlt S. Christophorus.

Deßen { höhin . . . . 5 schuoh 9 zöll,
längin . . . . 8½ schuoh.

Sonsten sein zwen nicht vil schatzswehrte flügel an der kunst, stehen an einer lehren wand.

Deren ein ieder ist { hoch . . . . 15 schuo 2 zöll,
brait . . . . 7 schuo 6 zöll.

In der hofcantzleycammer

sein versus septentrionem in den fenstern in glas geschmeltz S. Jacobus, so in dem rechten arm und hand ein kreutz halfet. Vor ihme muß ein persohn gekniehet gestanden sein, so aber nicht mehr, sonder an des verbrochnen stell ein weiß glas gesehen wirt. Darunder steht noch gantz

Aspice me grato pro meque piissime vultu
Widerio fidas funde Jacobe preces.

Am andern fenster daran

ist Johannes Baptista, hinder ihme ein schilt, darinnen die buchstaben I W, oben uf der columna von ästen steht zur linken ein vogel, so den schnabel hinder sich zwischen den flügel, uf der andern seiten ein seil.

In dem dritten fenster

die mutter Chriſti ſtehend mit dem Jeſuskindlen uf dem arm. Vor ihr ſtehet einer
mit einem weißen Ordensmantel mit einem ſchwarzen kreuz uf, umb ſein hals ein
gelb ſeidne ſchnur biß uf den fuß. Hinder ihme ein ſchilt, ſo ganß gelb. Von
dem oberlincken biß under der rechten des ſchilts ein blawer ſparr oder balck, in
wölchem drey vierteil des mons. Darumb ſteht:

Frater Georius de Munderſtat ordinis
Theutunicorum plebanus in Vehingen.

Ob ihme in ein zedel
Eram quod ſum et vado mori ut vocer.

Deckengemälde im Paradies, gezeichnet von Rüttel 1625.

In dem creußganggärtlin, darinnen an einer ſeit hart an creuzgangsmauren
iſt gelegt ein ſtein. Daruf ſteht

SVB TVMVLO HOC STVRNVS SOPITVS MORTE QVIESCIT
HEV CVI MVRILEGVS PARCA SEVERA FVIT.
4. MAY ANNO 1602.

In der hofcanßley größern ſtuben versus meridiem ſteht an ein fenſter gemahlt die jungfraw Maria, hat under ihrem rock ein haufen münich verborgen,
de qua hiſtoria lego Haiſterbacenſem diſtinctione ſeptima de ſancta Maria
capitulo 60.

Notabilia

in dem Paradiß.

Wann man durch das kleiner thürlin durch das paradiß den dreyen haupthüren
der kirchen, (deren doch, weil die dritt und letſte verſchlagen, nur zwuo geöffnet

und gebraucht werden) zugehen will, ist gleich zur rechten hand in dem eck selbiger wandt ein fulciment des gewölbs, so in zway von einander abgewendete theil underschaiden, gleichsam beede eckmauren zusamen füegendt und zumahl das gewölb sustinierend. An dem nächsten doch wegen des schattens etwas dunckelern ort ist in dem flachen grund des gewölbs gemahlt ein narr, so auf ayern in einem korb sie auszubrüetten sitzet, helt ein häfelin in der handt. Uf dem andern theil gleich daran mehr dem liecht zu ist gemahlt ein gans, trägt an dem kragen hangende zwuo fläschen, steht in weiberstifeln in einem kübel mit küelwasser. Under dem kübel ligt ein gläseriner ängster wie ein gans formiert. Uf einem hohem halb handvölligen ungefahrlich halbmäßigen weinglas, darauf ein zedel, darinnen musicalische notae. Darunder stehen sechs buchstaben anstatt des texts, namlich A. V. K. L. W. H., wölche ich also vermutlich nicht unrecht interpretiert: All, Voll, Keiner, Lehr, Wein, Her.

Die erst figur ist also hieher abgezaichnet. Der narr so ayer ausbrüettet.

Die andere figur ist also die mit zwuo fläschen beladene gans.

2) Nach F. Mone „Die bildenden Künste im Großherzogthum Baden." Band XVIII, Heft 6, im Selbstverlag des Verfassers, 1889, S. 432 ff. waren auf dem 1444—1447 gefertigten Allerheiligen-Altar, der wahrscheinlich im südlichen Querschiffe stand, folgende Heilige dargestellt, bei geöffnetem Schrein:

Innere Seite des Flügels auf der Evangelienseite.	Mittelbild Christus Cruzifixus.		Innere Seite des Flügels auf der Epistelseite
hll. Elisabeth.	hll. Martha.	hll. Christophorus.	hll. Agathon ? (10. Januar).
Ottilia.	Brigitta.	Vitus.	Johannes, nicht der Apostel.
Agatha.	Ursula.	Basilides.	Nikolaus v. Myra.
			Paulus, Martyrer.
Juliana.	Katharina.	Cyriakus.	Clemens.
Barbara.	Barbara.	Gabor.	fehlen wahrscheinlich drei Damen, wovon vielleicht einer
Dorothea.	Clara.	Wenzel.	Theophilus
Anastasia.	fehlen 6 Damen.	Nereus.	lautete.
Theodosia?		Achilleus.	
Katharina(?)		Lazarius.	
		Simon.	
		(Alnensis.)	
		Pankratius.	
		Judas, nicht der Apostel.	

3) Nach gütiger Mittheilung des Herrn Oberamtsrichters Hufschmid in Gernsbach i/Murgthal befindet sich von Abt Johann II. von Gelnhausen (s. S. 87) auch ein Grabstein im Kloster Eberbach im Rheingau. Vergl. dessen Inschrift in Roth, Fontes rer. Nassoic. III. 267.

Geſchichtstafel.

Reihenfolge der Aebte und der Hauptbegebenheiten.

(Vergl. hiezu das oben gegebene Geſchichtliche, ſowie die Regeſten in Klunzingers urkundlicher Geſchichte von Maulbronn.)

1138, im Frühjahr zieht Abt Diether, von Walther, Freiem von Lomersheim, gerufen, mit zwölf Mönchen und einigen Laienbrüdern von Kloſter Neuburg im Elſaß in Eckenweiler ein.

1147, vor Mai, ſiedeln die Mönche von Eckenweiler nach Maulbronn über.

1148, 29. März gibt Papſt Eugen III. zu Rheims dem Kloſter Maulbronn eine Schutzbulle und Zehentfreiheit. (Wirtemb. Urkundenbuch.)

1151 (und wieder 1157) wird Kloſter Bronnbach an der Tauber von Maulbronn aus bepflanzt.

Um 1153 genehmigt König Friedrich I., daß das dem „Ludevicus de Werteneberch" (Wirtenberg) gehörende Eigengut Brache (bei Thamm, O.A. Ludwigsburg) an der Stelle von Elvingen reichslehenbar, und dieſes ſammt der Kirche des Orts Eigenthum der Kirche in Mulenburne (Maulbronn) werde. W.U.B.

1156, 8. Januar, Speier, nimmt K. Friedrich I. das Kloſter in ſeinen Schutz.

1157 wird Kloſter Schönthal an der Jagſt geſtiftet und von Maulbronn aus bepflanzt.

1161, 16. Auguſt, ſtirbt der große Wohlthäter des Kloſters, Biſchof Günther von Speier, und wird hierauf im Kloſter Maulbronn beigeſetzt.

1178, 14. Mai, Einweihung der Kloſterkirche durch Erzbiſchof Arnold von Trier.

1178 Abt B. oder D.

1192 Abt E. oder F.

1196 Abt Conrad I.

1212 wird der geächtete Abt von Maulbronn, Johannes von Neipperg, von ſeinen Unterthanen in Weißach getödtet. — Gedenkſtein in Weißach.

1219 Abt W.

1232 Abt Gozwin.

1233 Maulbronn, ſtiftet Heinrich von Roßwag mit ſeiner Frau Hedwig dreißig Mark Silber zu reichlicher Verſehung aller Altäre der Kirche in M. mit Wein, Frucht und Wachs, und gibt bis zum Ankauf des hiezu beſtimmten Gutes jährlich 40 Malter Waizen. (Staats-Archiv-Urkunde.)

1234 Abt Sigfrid I.

Vor 1236 überträgt der Biſchof von Speier die Unterſchirmvogtei über Maulbronn an Heinrich von Enzberg.

1244 Abt Berthold I., Munk.

1244, 19. April, inkorporirt Biſchof Konrad V. von Speier dem Kloſter M. wegen ſeiner jämmerlichen Armut an Lebensmitteln den Kirchenſatz zu Lutzheim. (Urkunde im Archiv zu Carlsruhe.)

1246 wird Kloſter Frauenzimmern im Zabergäu dem Abt von M. untergeben.

1252, 2. Mai, legt Heinrich von Enzberg das Schutzrecht über das Kloſter nieder, nachdem er die ihm dafür verpfändete Summe von 330 Pfund Heller erhalten hat. St.A.M.

1252, 2. Sept., Maulbronn, erhält derſelbe von Biſchof Heinrich II. von Speier das Schutzrecht unter gewiſſen Bedingungen wieder. St.A.M.

1253 Abt Heinrich I.

1253, 6. Februar, Maulbronn, ſchenkt G. der Edle von Weiſen mit ſeiner Frau Mechthildis dem Kloſter in Anerkennung der beſonderen Heiligkeit und Sittenreinheit der Brüder ein Fuder Wein zum Opfer und ein Malter Waizen zu Hoſtien.

1254 Abt Gottfried.

Um 1254 gibt Papſt Alexander IV. dem Kloſter das Recht, daß kein Biſchof oder ſonſt Jemand daſelbſt Gericht halten dürfe, und das des Burgfriedens.

1255, Auguſt, erneuert in Anagni Papſt Alexander IV. die Bulle wegen Gewaltthätigkeit gegen das Kloſter. St.A.M.

1257 Abt Egenhard, ſpäter Abt von Neuburg; liegt in Maulbronn begraben.

1257, 1. März, Speier, entlehnt Abt E. und ſein Convent wegen unerträglicher Schulden, beſonders bei Juden, und hiedurch verurſachter ſchwerer Zinſe von Gertrudis, Wittwe des Merkelin, genannt der Zimeler zu Speier, und ihren Kindern 90 Pfund Heller. St.A.M.

1268 Abt Albrecht I.

Um 1269 erhält Heinrich von Enzberg (II.) das Schutzrecht über M., übt aber mit ſeiner Familie Gewaltthätigkeiten gegen daſſelbe, worauf Biſchof Heinrich II. von Speier die von Enzberg befehdet. St.A.M. (vom 15.—17. Mai 1270).

1275 beſucht König Rudolf das Kloſter.

1276 Abt Hildebrand.

1278 Abt Eberhard.

1280 Abt Walther.

1281 Abt Sigfrid II.

1282 wird die bis jetzt Maulbronn unterſtehende Abtei Schönthal der Abtei Kaiſersheim unterworfen.

1287 Abt Rudolf.

1288, 21. Mai, im Paradies der Kirche wird

ein Streit des Klosters mit den gestrengen Herrn von Enzberg und den Bewohnern von Durne (Dürrn) wegen Gütern bei Durne zu Gunsten der ersteren entschieden. St.A.U.

1294 Abt Conrad II.

1299, 11. Oktober, Eßlingen, erlaubt König Albrecht dem Kloster Maulbronn in Anerkennung der dort herrschenden Ehrbarkeit und Frömmigkeit, des Jahrs einmal ein Schiff auf dem Rhein zollfrei zu führen. Besold, 1, 810 ff.

1299, 13. November, Eßlingen, erlaubt derselbe dem Kloster, eine außerordentliche Steuer auf seine Dörfer umzulegen, weil es ihn bei seiner Reise durch sein Gebiet würdig und freundlich bewirthet hat. Besold, 1, 811 ff.

1302 Abt Reinhard.

Um 1306 Abt Albrecht II.

Vor 1313 Abt Wilent.

1313 Abt Heinrich II. von Calw.

1319, 27. März, Avignon, gibt Papst Johann XXII. dem Kloster Freiheit von den Schulden, die es bei den jüdischen Wucherern Moeßelin und Moyses von Hagenau hat. St.A.U.

1325 Nochmalige Verpflichtung der Enzberger zum Schirm des Klosters.

1330 Abt Conrad III. von Thalheim.

1358 Abt Berthold II. Kuring, später Abt in Bronnbach.

1360 Abt Ulrich von Ensingen.

1361, vor 31. Mai, löst Kaiser Karl IV. die Vogtei über Maulbronn von den Grafen von Wirtenberg, denen sie verpfändet ist, ein, um sie an Kurpfalz zu übertragen.

1361 Abt Johann I. von Rotweil.

1365 besucht die deutsche Kaiserin das Kloster.

1376 Abt Albrecht III. von Riexingen.

1383 Abt Marquard.

1384 Abt Heinrich III. von Renningen.

1402 Abt Albrecht IV. von Detisheim.

1428 Abt Gerung von Wildberg.

1430 Abt Johann II. von Gelnhausen.

1439 Abt Johann III. von Worms.

1445 Abt Berthold III. von Roßwag.

1452, 12. September, Cisterz, genehmigt das Generalkapitel die Abtretung des Kl. Päris von Lützel an M., St.A.U.

1460, März, überfällt Graf Ulrich von Wirtenberg das Kloster und brandschatzt es.

1462 Abt Johann IV. von Wimsheim.

1467 Abt Nikolaus von Bretten.

1472 Abt Albrecht V.

1475 Abt Johann V. Riescher von Laudenburg.

1488 Abt Stephan Detinger.

1491 Abt Johann VI. Burrus von Bretten.

1503 Abt Johann VII. Umbstatt, flieht 1504 vor Herzog Ulrich von Wirtemberg.

1504, 4. Juni, ergibt sich die pfälzische Besatzung von Maulbronn an Herzog Ulrich.

1504 Johann V. zum zweitenmal Abt, von Herzog Ulrich nicht anerkannt.

1504 Abt Michael Scholl von Vaihingen.

1507, Constanz, wird Maulbronn dem Herzog Ulrich vom Kaiser zugesprochen und übergeben. Steinhofer 3, 915 ff.

1512 Abt Johann VIII. Entenfuß von Unteröwisheim.

1518 Johann VI. Burrus wiederum Abt.

1519, 10. Mai, brandschatzt Franz von Sickingen das Kloster.

1521 Abt Johann IX. von Lienzingen.

1525, April, machen die Bauern mehrfach einen Einfall in das Kloster.

1525 verläßt Valentin Vannius von Beilstein das Kloster und wird evangelisch; von 1558 an erster evangelischer Prälat von Maulbronn.

1531, 27. Juni, verkauft die Familie Swarzerd zu Bretten für sich und Meister Philips Melanchthon zu Wittenberg an den Abt Johann von Maulbronn den Stegersee. St.A.U.

1532 stellt der Abt von Maulbronn sein Contingent zum Türkenkrieg, bestehend aus 10 Reitern und 44 Fußgängern.

1533, 6. April, freit Markgraf Philipp I. dem Steinmetzen Hans von M. seine Güter und Person. Mone, Oberrhein, 3, 45.

1535 theilweise Einführung der Reformation in Maulbronn.

1537, 3. Februar, Cisterz, verordnet Abt Wilhelm von Cisterz die Versetzung des Klosters Maulbronn nach Päris.

1547, 13. September, wird Heinrich IV. Reuter von Nördlingen Abt von Maulbronn und Päris.

1557, 29. Juli, wird der evangelisch gesinnte Abt, Johann Epplin von Waiblingen, genannt Senger, gewählt.

1558, 19. Januar, wird M. in eine evangelische Klosterschule verwandelt.

1564, 10.—17. April, Colloquium im Winterspeisesaal zwischen den lutherischen Theologen Wirtembergs und den calvinistischen der Pfalz.

1576 Maulbronner Concordie, eine Vorarbeit der sog. Concordienformel.

1586—89 ist Johannes Kepler, der spätere berühmte Astronom, Klosterschüler in M.

1621 hausen Mannfeld's Schaaren im Maulbronner Amt.

1630, 14. September, besetzt Christof Schaller als katholischer Abt mit einigen Mönchen von Lützel das Kloster.

1632, 7. Januar, werden dieselben durch die Schweden vertrieben.

1634, 6. September, kehrt Schaller zurück.

1648, 14. Oktober, wird das Kloster Wirtemberg wieder zugesprochen.

1656 wird die Klosterschule wieder hergestellt.

Inhaltsverzeichnis.

Verzeichnis der Abbildungen.

114